Robert L. Short

Charlie Brown fragt nach Gott
oder:
Was unsere Welt zusammenhält

BRUNNEN
VERLAG GIESSEN

ABCteam-Bücher erscheinen in folgenden Verlagen:
Aussaat-Verlag Neukirchen-Vluyn
R. Brockhaus Verlag Wuppertal
Brunnen Verlag Gießen und Basel
Christliches Verlagshaus Stuttgart
(und Evangelischer Missionsverlag)
Oncken Verlag Wuppertal und Kassel

Titel der amerikanischen Originalausgabe:
«The Gospel According to Peanuts»
© M. E. Bratcher

Das vorliegende Buch erschien in seiner ersten Auflage
unter dem Titel «Ein kleines Volk Gottes. Die Peanuts»
im Friedrich Reinhardt Verlag, Basel.

© Cartoons by United Feature Syndicate, Inc.

Die Deutsche Bibliothek – CIP-Einheitsaufnahme
Short, Robert L.:
Charlie Brown fragt nach Gott oder:
was unsere Welt zusammenhält /
Robert L. Short.
[Aus dem Amerikan. übertr.
von Eva Güldenstein-Holzer]. –
5. Aufl. – Giessen ; Basel : Brunnen-Verl., 1994
(ABC-Team)
ISBN 3-7655-1519-1

5. Auflage 1994

© der deutschen Ausgabe:
1991 Brunnen Verlag Gießen
Umschlaggestaltung: Helmut Pfindel
Herstellung: Ebner Ulm

Meinen Eltern gewidmet,
die sicher bei der mühsamen Aufzucht
ihrer kleinen Schar von ‚Peanuts'
das rechte Verständnis erlangten
für die volle Bedeutung der Worte:
«Gütiger Himmel!»

Inhalt

Worte des Dankes

Ich möchte meinen Freunden nah und fern für ihre Hilfe und Anregung danken. Dr. Nathan A. Scott, Jr., und Dr. Robert Preston, Jr., vom Institut für Theologie und Literatur an der Theol. Fakultät der Universität Chicago, meine hervorragenden Lehrer, haben klar die Schwierigkeiten ihrer Aufgabe erkannt, sich aber dadurch nicht entmutigen lassen. Sie haben sich dem Feind gestellt — nämlich mir. Ihre Geduld mit mir, dem Studenten (und ihre Liebenswürdigkeit zu mir, dem Freund), seien dankbar gewürdigt. Seit vielen Jahren hat A. R. Larreta die Rolle des stets ermutigenden Charlie Brown für mich zitternden und ängstlichen Linus übernommen. Die Ideen und Vorschläge meiner Freunde James M. Brown, Norman A. Smith, G. W. Linden, Roger Ortmayer, Joseph W. Matthews und B. J. Stiles waren immer besonders fruchtbar und anregend für mich. Ein herzliches Wort des Dankes möchte ich an die vielen Zuhörer richten, die das Kernstück dieses Buches in der Form von Lichtbildervorträgen gesehen haben. Ihre Bemerkungen und Fragen, ihr Gelächter und die offene Diskussion mit mir über die Peanuts und über die christliche Botschaft haben mir in mannigfacher Weise geholfen. Dank schulde ich auch Ch. Schulz, dem Schöpfer der Peanuts, und dem United Feature Syndicate (Agentur der Humorzeichner) für ihre freundliche Erlaubnis, die Peanuts in dieser ziemlich ungewöhnlichen Art einer illustrierten «theologischen Literarkritik» verwenden zu dürfen.

R. L. S.

Charlie Brown fragt nach Gott

Charlie Brown, Lucy, Linus, Schroeder, Sally, Peppermint-Patty, Snoopy – kurz gesagt: die Peanuts. Ihren weltweiten Siegeszug traten die Comic-strip-Figuren ca. 1950 in den USA an. Charles Monroe Schulz, Friseurmeistersohn aus St. Paul in Minnesota mit dem Hang zum Zeichnen, hatte gerade seinen Vertrag mit der örtlichen Zeitung über die wöchentliche Veröffentlichung einer Comic-strip-Zeichnung fristlos gekündigt bekommen. Mit dem Mut der Verzweiflung versuchte es Schulz nun bei der größten Cartoon-Agentur der Welt, United Features in New York, und bietet eine Probeserie an. Und er wird angenommen.

«Peanuts» nennen die Redakteure die kleine Serie, ohne Schulz lange zu fragen. Eine Legende ist geboren.

Heute lesen und betrachten weltweit täglich rund 150 Millionen Leser die Zeichnungen des Amerikaners, Fernsehserien flimmern via Bildschirm in die Wohnzimmer, im Kino und in Videotheken gibt es abendfüllende Spielfilme, T-Shirts und Kaffeetassen fungieren als Werbeträger.

Die Popularität Charlie Browns und Snoopys pendelt sich ungefähr auf dem Niveau von Weltspitzensportlern ein, Politiker wären dankbar für einen entsprechend großen Bekanntheitsgrad.

Das Geheimnis des Erfolges liegt sicherlich nicht allein im kurzen Lachen oder im versonnenen Schmunzeln – ausgelöst durch den neuesten Peanuts-Comic-strip. Das Geheimnis sind auch nicht die vielen «Aussagegeschichten», mit denen Schulz arbeitet. Ist vordergründig und auf den ersten Blick jeder Cartoon einfach einen fröhlichen Lacher wert, kann sich – wer will – jeder auch noch einen zweiten oder dritten Blick erlauben, der Tiefgründiges freilegt.

Nein, das Geheimnis des Erfolges liegt sicherlich in der wohltuenden Menschlichkeit der Peanuts begründet. Irgendwie und irgendwo findet man sich wieder in den Zeichnungen von Charles M. Schulz – oder den Nachbarn ...

Aber es ist kein harter, verletzender Humor, mit dem Schulz arbeitet. Er verbreitet Wahrheit und Lebensweisheit auf liebenswürdig-freundliche Art und Weise, wohl ein weiteres Geheimnis der über vierzigjährigen Sympathie, die den Peanuts weltweit entgegengebracht wird.

Robert L. Short, ein Peanuts-Freund seit den frühen Anfängen, entdeckt in den Peanuts-Zeichnungen eine weitere Aussageebene. Wohl wissend um das christliche Engagement von Charles M. Schulz – er ist Mitglied einer weltweit verbreiteten evangelischen Freikirche, in der er sich ehrenamtlich als Sonntagsschullehrer und Laienprediger einsetzt –, hat er den religiösen Aussagen der Peanuts nachgespürt. Was er gefunden hat, ist nicht nur ein interessanter Beitrag zum Thema Christsein im Alltag, sondern ist gleichzeitig eine humorige Unterhaltung.

R. Tibusek

Jawohl, durch Leute mit stammelnder Lippe und in fremder Zunge wird er
zu diesem Volke da reden. *Jesaja 28, 11*

Doch wer ist bei ihm,
keiner als der Narr, der sich bemüht,
sein Herzweh wegzuscherzen. *Shakespeare, König Lear, III, 1*

Eine humoristische Zeichnung, die nichts aussagt, kann ebensogut ungezeichnet bleiben. Humor, der nichts aussagt, ist wertloser Humor. Deshalb
betone ich, daß einem humoristischen Zeichner Gelegenheit gegeben werden
muß, auf seine Weise zu predigen.
Charles M. Schulz, Schöpfer der Peanuts [1]

1. Kirche und Kunst

«Wie könnten wir des Herrn Lied singen auf fremder Erde?» (Ps.
137, 4). Diese Frage muß sich die Kirche, die wohl immerzu *in* —
aber nicht *von* dieser Welt ist, heute ernstlich von neuem stellen.
Denn nicht nur muß sie überlegen, wie sie wohl am sinnvollsten
Kontakt aufnehme mit den besonderen Menschen unserer besonderen Zeit mit all den ihnen eigentümlichen Idiosynkrasien, sondern die Kirche muß auch erneut überprüfen, in welcher Art sie
sich mit den Menschen *aller* Zeiten verständigen will — da nämlich die Abneigung, die *alle* Menschen gegen die Botschaft der
Kirche haben, immer die gleiche Wurzel hat: die weltweite Verstocktheit des Herzens, die viel tiefer und fester im Innern des
Menschen verankert ist als sonst irgendeine bewußt faßbare Abneigung. Paradoxerweise aber ist es oft gerade die Dringlichkeit,
mit der die Kirche ihre Botschaft vorbringt, die ihre Verkündigung
gegen so viele unüberwindliche Hindernisse anrennen läßt. Oft ist
es eben ihre derbe und gerade Annäherungsart, mit der sich die
Kirche ihre ohnehin schwachen Aussichten, daß ihre Botschaft ge-

hört wird, verdirbt und zunichte macht oder ihr eigenes «zweischneidiges Schwert», die Schrift, verdirbt und zunichte macht. Oder wie Paul Tillich es ausdrückte: «Wir alle kennen den Schmerz, den wir leiden, wenn wir Menschen begegnen, die die Schrift ablehnen..., da ihnen die Schrift nie richtig vermittelt wurde [2].» Die bezeichnende Art der Annäherung der Kirche (und die Rückschläge, die sich bezeichnenderweise daraus ergeben) zwingt zum Vergleich mit dem folgenden Versuch Charlie Browns, Beziehungen anzuknüpfen:

«Besinn dich anders!» fleht Charlie Brown immer und immer wieder in einer gleichartigen Folge mit gleichem Ergebnis: «Es ist heutzutage fast unmöglich, die Leute dazuzubringen, daß sie sich anders besinnen!»

Mehr als irgendein anderer moderner Denker wußte und mühte sich Søren Kierkegaard um die Fragen, die das Vermitteln der christlichen Botschaft aufgibt. Schließlich befürwortete er die Methode des «indirekten Aufmerksammachens»; das heißt, «man beginnt also nicht so: ‚Ich bin Christ, du bist kein Christ.' Auch beginnt man nicht so: ‚Das ist Christentum, was ich verkündige; und du lebst in bloß ästhetischen Bestimmungen'; nein, man beginnt so: ‚Wir wollen vom Ästhetischen reden.' Der Betrug besteht darin, daß man so redet, um zum Religiösen zu kommen [3].» Aber warum «Betrug»? Aus folgendem Grund:

Soll man eine ganze Zeit heben, muß man sie wahrlich kennen. Siehe, daher kommt es, daß diese Verkünder des Christentums, die auf der Stelle mit der Orthodoxie beginnen, nicht viel wirken und nur auf wenige ... Man muß mit dem Heidentum beginnen ... Beginnt man sogleich mit dem Christentum, so sagen sie: das ist nichts für uns − so sind sie sogleich auf ihrem Posten [4].

Hellwach, in der Tat! Betrachten wir nur dieses kleine Treffen zwischen Linus und seiner Schwester Lucy:

Man könnte natürlich Bedenken haben bei Kierkegaards Auffassung, jemanden in die Wahrheit zu «betrügen» oder «mit dem Heidentum zu beginnen» — beides gleichermaßen blasphemisch! Wer das aber einwendet, sollte auf den «Betrug» aufmerksam gemacht werden, den der Apostel Paulus bereit war anzuwenden, damit er «die Mehrzahl (von ihnen) gewinne»:

Und ich bin den Juden wie ein Jude geworden, damit ich Juden gewinne; denen, die unter dem Gesetze stehen, als ob ich unter dem Gesetze stände — obgleich ich selbst nicht unter dem Gesetze stehe —, damit ich die unter dem Gesetze Stehenden gewinne; denen, die ohne Gesetz sind, als ob ich ohne Gesetz wäre ... Ich bin den Schwachen ein Schwacher geworden, damit ich die Schwachen gewinne; allen bin ich alles geworden, damit ich auf alle Weise einige rette (1. Kor. 9, 20—22).

Paulus erkannte wie Kierkegaard, daß man, um Menschen zu «retten», bei der Stufe beginnen muß, auf der sie sich befinden — beim «Heidentum».

Die ursprüngliche Stellung des Menschen in der Welt ist — unglücklicherweise — immer in der Sünde, andernfalls hätte der Mensch sicher kein ernsthaftes Bedürfnis nach irgendeiner «Errettung». Wenn daher ein Christ seinen Bruder «aus der Sünde herausheben» will, muß er bereit sein sich herabzubeugen; wenn er den Weg weiter mit seinem Bruder gehen soll, muß er bereit sein, mit ihm fremde Pfade zu wandeln — wie auch Gott bereit war, sich zu einem Menschen zu erniedrigen, um die Menschen «emporzuheben».

Um mit Irenäus zu sprechen, Gott «wurde durch seine alles überragende Liebe zu dem, was wir sind, damit er uns zu dem bringe, was er selbst ist».

Im wesentlichen sind es zwei Schranken, die den modernen Menschen hindern, die christliche Botschaft zu verstehen — Schranken, die von der Kirche ernsthaft in Erwägung gezogen werden müssen, auf welche Weise immer sie plant, ihre Botschaft zu verkünden. Die *erste* dieser Schranken mag die «verstandesmäßige» Schranke genannt werden. Sie beruht nämlich auf der Tatsache, daß dem Zuhörer keine klare Entscheidung für oder wider die Schrift *ermöglicht* wird. Er ist nicht einmal sicher, welche Möglichkeiten es gibt. Denn der Kirche «Wort ächt, / kracht und bricht oft gar unter der Bürde, / unter der Spannung, glitscht, gleitet, kentert, / verwest im Ungenauen, bleibt nicht stehn am Ort, / und bleibt nicht still» [5]. Die Kirche ist jedoch nicht nur in dem Sinn schuldig, als sie die Schrift einem verwesten und ungenauen Wortschatz anvertraut, sondern noch wichtiger: sie macht sich auch einer Auslassungssünde schuldig: Oft wird ein bedeutungsvoller Teil ihrer Botschaft vollkommen übersehen oder vergessen. So ist zum Beispiel «sei getrost!» eine Floskel, die den meisten von uns heute nichts mehr sagt. Aber diese Floskel war zu Zeiten des Neuen Testaments eine feste Wendung, da sie immer verbunden war mit einem besonderen *Grund,* warum man getrost sein sollte, wie zum Beispiel «Deine Sünden sind dir vergeben» (Matth. 9, 2) oder «Ich habe die Welt überwunden» (Joh. 16, 33). Doch wie kann «sei getrost» für uns heute tröstlich oder bedeutsam sein, wenn uns nicht nur unklar ist, was «Deine Sünden sind dir vergeben» bedeutet, sondern wir oft nicht einmal gesagt bekommen, daß dies der Fall ist — «Als ob damit nicht alles gesagt wäre» [6]!

Das *zweite* Hindernis für ein Verständnis der christlichen Botschaft ist viel tiefgründiger und ursprünglicher, denn es betrifft eine Schwierigkeit im Herzen des Menschen und nicht in seinem Verstand. Alle Menschen sind gleich, wenigstens in einer Hinsicht: «ist doch das Trachten des menschlichen Herzens böse von Jugend auf» (1. Mose 8, 21). Wir sind alle «von Natur aus unfähig, irgendeinen Sohn Gottes zu lieben oder zu verstehen, der mit Tischen umherwirft» [7], wie J. D. Salinger sagte; oder wie Jesaja es ausdrückt, wir werden «abtrünnig vom Mutterschoß an» genannt (Jes. 48, 8). Das Neue Testament stimmte sicher mit dieser Ansicht überein (wie wir im nächsten Kapitel sehen werden) und war sich des ungeheuren Hindernisses wohl bewußt, das diese Mauer der «angeborenen» Sünde für seine Botschaft darstellte. So zitiert Christus Jesaja, indem er sagt:

Hören werdet ihr und nicht verstehen, und sehen werdet ihr und nicht erkennen. Denn das Herz dieses Volkes ist verstockt und ihre Ohren sind schwerhörig geworden und ihre Augen haben sie geschlossen, damit sie nicht etwa mit den Augen sehen und mit den Ohren hören und mit dem Herzen verstehen und sich bekehren und ich sie heile (Matth. 13, 14-15; Jes. 6, 9–10).

Der Mensch ist folglich in seiner eigenen Blindheit gefangen, im Kreis seiner eigenen Menschlichkeit. Ohne das Erbarmen Gottes können die Menschen sich nicht einmal «zu Gott bekehren, damit er sie heile». *Wenn* sich daher ein Mensch zu Gott bekehrt, erscheint diese Umkehr, diese Hinwendung immer als ein *Wunder* [8], es ist eine Umkehr, die eher *trotz* der größten eigenen Bemühungen des Menschen geschieht als *dank* ihrer.

Deshalb ist es für alle Menschen so bedeutsam, daß Christus den Menschen heilte, «der von Geburt an blind war» (Joh. 9). In gewissem Sinne sind *alle* Menschen blind geboren, und *nur* durch Gottes Erbarmen in Jesus Christus wird diese Erb- oder «Geburts»-Sünde überwunden. Denn «von Ewigkeit her hat man nicht vernommen, daß jemand einem Blindgeborenen die Augen aufgetan hat» (Joh. 9, 32).

Wie sehr es auch zeitweise scheinen mag, daß die Kirche ihre
Sprache verschärft hat, um so dem *Verstande* die verschiedenen
Möglichkeiten ihrer Botschaft kristallklar zu machen, sollte sie
doch immer eingedenk sein, daß Gott sich «erbarmt..., wessen er
will, verhärtet aber, wen er will» (Röm. 9, 18).

Die Kunst findet Wege, die verstandes- und gefühlsmäßigen Vorurteile eines Menschen zu umgehen; und zwar deshalb, weil die
Kunst immer *mittelbar* spricht — sei es nun als Mittel, eine neue
Antwort zu liefern, sei es als Grund, eine neuartige *Frage* zu stellen, die gestellt werden muß, bevor eine neue Antwort sinnvoll
sein kann.

Allzuoft erliegt die Kirche der Versuchung, ihre Stellung in einer
Sprache zu erläutern, die in sich nicht sinnvoll ist. Linus fragt einmal seine Mutter, warum er Lucy, die ihm sein Geschichtenbuch
weggenommen hat, nicht «verhauen» kann. Seine Mutter antwor-

tet ihm: «Das gehört eben zu den Dingen, die ich nicht erklären kann.» Lucy aber hat eine Erklärung: «Hör mal zu, Schwachkopf», sagt sie zu Linus und hält ihm ihre Faust unter die Nase, «wenn du mich haust, haue ich zurück!» «Macht nichts, Mama», sagt Linus Lucy nachblickend, wie sie mit seinem Buch davongeht, «es wurde mir gerade in einer für mich verständlichen Sprache erklärt.» Die Missionare, die die Kirche zu ihren «zivilisierten Verächtern» ausschickt, müssen mit der Sprache der Zivilisation ebenso vertraut sein wie die Missionare, die die Kirche in fremde Länder entsendet, mit der Sprache jener Gebiete vertraut sind, in die sie geschickt werden. Kunst ist eine der ausdrucksvollsten und einflußreichsten Sprachen einer jeden Kultur. Sie ist nicht nur ein Ausdrucksmittel für die Hoffnungen, Ängste und Nöte einer Kultur, sie hat auch ihr eigenes, einzigartiges Vokabular aus Zeichen und Symbolen, in denen diese Nöte ausgedrückt sind. Wenn die Kirche ihre uralte Antwort sowohl gefühls- als auch verstandesmäßig nicht der Art anpaßt, in der die uralte Frage des Menschen gestellt wird, so befindet sie sich in der gleichen Lage wie der Mann, der einst eine Heilung erfand für eine Krankheit, die es nicht gab. Denn «Freude erfährt der Mann, der zu antworten weiß, und wie gut ist ein Wort zur rechten Zeit» (Spr. 15, 23).

Die Kunst findet gerade dank ihrer Feinheit und Mittelbarkeit Wege, «geistige Blockierungen» zu umgehen und zum Herz aller Dinge zu gelangen, wo sie fähig ist, tief und im wahrsten Sinn des Wortes zu «bewegen» — selbst die Unbeweglichsten — Männer und Frauen.

Kunst kann auch dazu verhelfen, die gefühlsmäßigen Vorurteile des Menschen zu durchbrechen, indem sie ihm zeigt, wer er wirklich ist; indem sie seinen Hochmut, seine Schwächen und Ängste genau widerspiegelt; und indem sie ihm einen Spiegel vorhält, in welchem er sein Innerstes sehen kann.

In diesem Sinn kann man von der Absicht der Kunst sprechen, wie es Shakespeare von der Schauspielerei sagte,

deren Zweck von jeher war, ist und bleibt, der Natur gleichsam den Spiegel vorzuhalten: der Tugend ihre eigenen Züge, der Schmach ihr eigenes Bild, und dem Jahrhundert und Körper der Zeit den Abdruck seiner Gestalt zu zeigen [9].

So vermag Snoopy in der folgenden Zeichnung wie die Kunst, «der Natur einen Spiegel vorzuhalten» und auf diese Weise spielerisch «der Schmach ihr eigenes Bild . . . zu zeigen»:

Während wir daher der Kunst urteilend gegenüberstehen, kann sie, als ein Spiegel, uns beurteilen. Indem wir unsere Entscheidung darüber treffen, was sie ist, zeigen und bestimmen wir, wer wir sind. Kunstwerke, wie Lichtenberg sagt, «sind Spiegel; wenn ein Affe hineinguckt, kann kein Apostel heraussehen» [10]. Auf der Suche nach einer Entscheidung wirft uns die Kunst — wie Christus — auf uns selbst zurück: «Wer, sagst denn *du*, daß ich sei?» fragen beide. Denn in beiden Fällen ist die Antwort niemals selbstverständlich.

Außerdem ist der Künstler in der Lage, uns auf *Umwegen* zu einer ehrlichen Gegenüberstellung mit uns selbst zu bringen. Er ist sich nicht zu gut dafür, die bittere Pille zu versüßen, zu gut dafür, «klug wie die Schlangen und ohne Falsch wie die Tauben» (Matth. 10, 16) zu sein, zu gut dafür, die Wahrheit geschickt zu tarnen, um sie durch die Abwehrstellungen an den Feind heranzutragen. Darum wird jede wahre Kunst, obwohl sie zunächst als eine willkommene Flucht *vor* der Wirklichkeit erscheinen mag, unweigerlich zu einer unmittelbaren Begegnung *mit* der Wirklichkeit führen — aber durchwegs mit einer Wirklichkeit, die man in einem anderen Licht als zu Beginn sieht. So konnte Hamlet sagen: «Das Schauspiel sei die Schlinge, / in die den König sein Gewissen bringe» [11]; oder kann Denis De Rougemont die Kunst als «eine wohlberechnete Falle zur Meditation» definieren [12]. Daher kommt es, daß viele Leute — vom Staatsmann bis zum Dieb — der Kunst manchmal mißtrauisch gegenüberstehen. Sie haben gelernt «auf ihrem Posten» zu sein, sogar einer mittelbaren Annäherung gegenüber:

Kunst kann auch grundlegende Änderungen in der *geistigen* Haltung eines Menschen bewirken. Sie erreicht dies, indem sie «Gesprächsstoff», der die Aufmerksamkeit auf sich lenkt, liefert und währenddessen die Grundlage der Unterhaltung auf eine völlig neue Ebene bringt. Denn die Gesprächsstoffe der Kunst sind mit völlig neuen Sinnbildern oder Möglichkeiten, die Dinge zu betrachten, *geladen* (und deshalb geht bei ihnen «der Schuß meist nach hinten los»). Diese Sinnbilder wiederum regen zu neuen *Fragen* und alten, aus neuen Blickwinkeln gesehenen *Antworten* an.

Das «Gespräch» entwickelt sich zwischen dem Kunstwerk selbst und dem *Betrachter* des Werkes, der sich vom Werk irgendwie «angesprochen» fühlt. Das Gespräch kann aber auch — und das ist häufiger der Fall — zwischen einem solchen Betrachter und einem Betrachter, der sich vom Werk *nicht* angesprochen fühlt, stattfin-

23

den. An diesem Punkt sollte die Kirche nachdrücklich beginnen, aufmerksam zu werden. Denn groß ist die Zahl der Menschen in unserer Zeit, denen nichts gleichgültiger sein könnte als jedwede Art einer ernsthaften, offenen Aussprache über die «christliche Botschaft» als solche. Aber viele dieser Leute wären überaus erfreut, mit jedem Erstbesten eine Diskussion über jede Art der Kunst und auf jeder Grundlage zu führen.

*

Wenn deshalb *in* der Kunst nur ein Körnchen Wahrheit steckt (und es folgt, wie ein Tag dem andern, daß die Kunst, je größer sie ist, desto wahrheits-trächtiger sein wird), auf das der christliche Betrachter hinweisen kann, so kann er dann durch dieses Hilfsmittel ein Wort mit seinem Bruder reden, der auf andere Weise vielleicht nicht bereit ist, zuzuhören. Der Künstler ist demnach wie ein Mann, der «in fremden Zungen redet», um mit Paulus zu sprechen. Die Fähigkeit, in Zungen zu reden, war für Paulus eine der großen «Gaben des einen Geistes» innerhalb der Kirche. Denn einem war eine Gabe gegeben, «einem andern verschiedene Arten von Zungenreden, einem andern aber Auslegung der Zungenreden» (1. Kor. 12, 10), und so fort. «Ist jedoch kein Ausleger da» (1. Kor. 14, 28), so ist, wie Paulus gezeigt hat, niemand fähig, diese Zungen zu verstehen. So sollte die Kirche, anstatt sich von der Kunst belästigt zu fühlen, eine Spitzengruppe von Männern und Frauen ermutigen, *Ausleger* dieser Zungen, oder Künste, zu sein, die als wahrlich anregende «Gesprächsstoffe» zwischen der Kirche und der sie umgebenden Kultur wirken können. Deshalb konnte Paulus sagen, daß «somit Zungenreden zum Zeichen nicht für die Gläubigen, sondern für die Ungläubigen sind» (1. Kor. 14, 22), daß aber ihre Auslegung dennoch von der Kirche kommen muß. Um zu zeigen, welche Gestalt die Kunst als «Gesprächsstoff» annehmen kann, wollen wir als Beispiel die folgende Zeichnung wählen, in der Linus und seine unentbehrliche Decke die Hauptrolle spielen:

IRGENDWAS AN DEINER DECKE REGT MICH AUF!

MAN KÖNNTE SIE DOCH ALS GESPRÄCHS-STOFF BETRACHTEN?

SCHULZ

Wir wollen uns nun überlegen, welche Art des «Gesprächs» aus einer solchen Zeichnung hervorgehen kann, wenn sie von einem Mitglied der Kirche – in diesem Fall dem Künstler selbst – ausgelegt wird:

Die Decke, an der Linus mit so viel Liebe hängt..., ist ein Symbol für die Dinge, an die wir uns klammern... Worauf ich abziele, ist natürlich die Unzulänglichkeit der Erwachsenen – die Unfähigkeit, Gewohnheiten aufzugeben, die eigentlich aufgegeben werden sollten. Nicht, daß ich gänzlich gegen die Auffassung wäre, daß wir uns an irgend etwas anklammern müssen! Denn, wenn wir Jesus annehmen, bedeutet das noch nicht, daß alle unsere Probleme von selbst gelöst sind oder daß wir nie mehr einsam oder unglücklich sein werden. Wie kann man die ganze Zeit glücklich sein, wenn man die Dinge sieht, die sich rund um einen abspielen? Aber einige unserer Erwachsenengewohnheiten sind lächerlich [13].

An dieser Stelle muß ich erwähnen, daß die Kirche nicht immer vom Künstler erwarten sollte, daß er seine eigenen Auslegungen macht, wie Ch. Schulz es in dem oben angeführten Zitat getan hat. Das ist nicht die Aufgabe eines Künstlers — wie auch Paulus die Arbeit eines *Auslegers* der Zungen von der eines Zungen*redners* unterscheidet. Wenn ein Künstler es für wichtiger erachtete, unmittelbar zu sprechen, dann würde er vielleicht kein Künstler sein. «Eine Stimmung zu schaffen, in der die Menschen ... auch unbedeutende Fragen stellen» [14], ist, wie Ch. Schulz sagt, seine Art, sich der Sonntagsschulklasse, die er unterrichtet, zu nähern — und die Annäherungsart der meisten Künstler. So können wir gewiß die gelegentliche Ungeduld verstehen, die ein Künstler empfindet bei dem Mangel an verständigen Auslegern, oder «Kritikern», die ihr Teil an der Arbeit leisten sollten — indem sie die oft inhaltsschweren Fragen des Künstlers zu beantworten helfen. Noch besser verstehen wir des Künstlers Ungeduld mit jenen, die sogar «nicht lernen wollen zu sehen», wie E. E. Cummings sagte. Einmal, beim Abstecken eines Baseballspiels, möchte Charlie Brown, daß ihm sein Fänger, Schröder, eine bestimmte aufmunternde Frage stelle, muß Schröder dann aber schließlich bitten, ihm die Frage zu stellen, muß Schröder die Frage erklären und muß *nun* Schröder die Antwort geben. Bemerkt Charlie Brown: «Es ist schrecklich, wenn man alles selber tun muß!» *Theoretisch* wenigstens sind dem Christen «die Geheimnisse des Reiches der Himmel» gegeben, hat er «Augen zu sehen», «Ohren zu hören» und «Verstand für alle Dinge». Es ist sicher für jeden Christen einfach genug einzusehen, «daß ein Ausleger der Bibel über den Buchstaben der Schrift hinaus zum Sinn gelangen muß. Er muß ‚Das Wort hinter den Wörtern' suchen» [15], wie Bernhard W. Anderson einmal sagte. Aber ein Christ sollte zum schlimmsten Faulpelz der Welt gestempelt werden, wenn er seine besondere Gabe zu sehen nur dann gebraucht, wenn er die Schrift liest — und wie oft tut er das?

In der Tat ist für den Christen «die ganze Erde seiner (Gottes) Herrlichkeit voll» (Jes. 6, 3) — oder sollte es sein. Sogar der sogenannte «weltliche Philosoph» kann erkennen, daß eine besondere Art des «Sehens» dem christlichen Blickpunkt zugrunde liegt. Ein Beispiel:

Was der gemeinen, der «profanen» Weltansicht als die unmittelbar gegebene Wirklichkeit der «Dinge» erscheint — das wandelt die religiöse Auffassung in eine Welt der «Zeichen» um. Der spezifisch-religiöse Blickpunkt ist geradezu durch diese Umkehr bestimmt. Alles Physische und Materielle, jegliches Dasein und jegliches Geschehen wird jetzt zum Gleichnis... zum leiblich-bildhaften Ausdruck eines Geistigen [16].

Wann immer die Kirche zu verstockt oder engstirnig von der Gabe der geistigen Wahrnehmung Gebrauch macht, macht sie sich desselben Vergehens schuldig, das Jesus den Pharisäern und Sadduzäern zur Last legte: «Das Aussehen der Himmel versteht ihr zu unterscheiden, aber bei den Zeichen der Zeiten könnt ihr's nicht» (Matth. 16, 3). Hier wird die Kirche allen Lucys dieser Welt wenig helfen — und im selben Boot mit ihnen sitzen —, und Lucys gibt es ohne Zahl:

Zu den Begriffen «fremde Zungen» und «Zeichen der Zeit» kommt eine noch wichtigere biblische Grundlage für diese Art der mittelbaren oder «künstlerischen» Verkündigung der christlichen Botschaft hinzu. Die Gleichnisse Jesu waren eine wesentliche Methode, das Evangelium Christi zu vermitteln, eben dank der besonderen Eigenart der Botschaft selbst; «und ohne Gleichnis redete er nichts zu ihnen» (Matth. 13, 34; Mark. 4, 34). Die Gleichnisse waren jedoch nicht einfach kluge, auf die Predigt zugeschnittene Mittel oder Darlegungen, die zur Aufklärung von ein oder zwei schwierigen Punkten dienten. In Tat und Wahrheit scheint ihr Zweck viel eher der *Schaffung* von Schwierigkeiten nähergelegen zu haben. Immer wieder finden wir in den Evangelien Sätze wie: «Und sie verstanden das Wort nicht, das er zu ihnen sagte» (Luk. 2, 50). In gewissem Sinn dienten die Gleichnisse tatsächlich eher dazu, die Wahrheit zunächst zu *verbergen* als sie augenblicklich sichtbar zu machen:

Und die Jünger traten herzu und sagten zu ihm: Warum redest du in Gleichnissen zu ihnen? Er aber antwortete und sprach: Weil es euch gegeben ist, die Geheimnisse des Reiches der Himmel zu erkennen, jenen aber ist es nicht gegeben... wer aber nicht hat, dem wird auch das genommen werden, was er hat. Deshalb rede ich in Gleichnissen zu ihnen, weil sie mit sehenden Augen nicht sehen und mit hörenden Ohren nicht hören und nicht verstehen (Matth. 13, 10–13).

Damit der Mensch mit seinem Herzen die Wahrheit verstehen kann, die von Natur aus seinem Herzen völlig fremd ist, muß *zuerst* etwas von seinem Herzen «genommen werden» — nämlich seine Verstocktheit, die sein Herz umgibt und die ihn hindert zu «sehen», zu «hören» und zu «verstehen». «Ein natürlicher Mensch aber... kann sie (die geistigen Wahrheiten) nicht erkennen, weil sie geistlich beurteilt werden müssen» (1. Kor. 2, 14). Aber die Gleichnisse helfen, dieses unmögliche Erkennen möglich zu machen; sie tun dies, indem sie dem «natürlichen Menschen» «Rätsel» (Spr. 1, 6; Ps. 78, 2) aufgeben, die darauf angelegt sind, seine Schale zu knacken, ehe er ihre Schale knacken kann. Die Gleichnisse «fesseln nicht nur die Aufmerksamkeit; sie erregen etwas tief im Innern» [17]. Denn es gibt keinen Weg, die tiefste Wahrheit des Evangeliums anzunehmen und anzuerkennen, wenn man sie nicht zutiefst braucht; es gibt keinen Weg, die Antwort in reiner Freude zu erhalten, bevor nicht die Frage mit Zittern und Zagen gestellt wurde; man muß wirklich *suchen,* ehe man «findet, / wo die Wahrheit steckt, und steckte sie auch recht im Mittelpunkt» [18]. So konnte Jesus sagen, daß das Licht des Evangeliums nicht etwa gebracht werde, «damit es unter den Scheffel ... gestellt wird. Denn nichts ist verborgen, außer damit es offenbar wird; und nichts ist ein Geheimnis geworden, außer damit es an den Tag kommt» (Mark. 4, 21—22). «Der Glaube richtet sich auf die unsichtbaren Dinge», sagte Luther. «Damit also Gelegenheit für den Glauben ist, muß alles, was geglaubt wird, verborgen sein [19].»

Die Kunst kann man als Gleichnis auffassen (und umgekehrt), denn die mittelbaren Methoden der beiden stimmen überein. Es gibt natürlich viele Kunstwerke, die nicht auf dasselbe Ziel «lossteuern» wie die christliche Botschaft. Gleichermaßen mag einer Landschaft mit «Lilien des Feldes» und «Vögeln des Himmels» keinerlei «christliche» Absicht zugrunde liegen. Und dennoch konnte Christus auf Grund gerade einer solchen Landschaft beredt von seinem «Vater in den Himmeln» sprechen (Matth. 6; Luk. 12). «Die Sprache des Glaubens bedient sich der Sprache der Kultur, auch wenn sie den Sinn dieser Sprache ändern muß [20].» Ferner wird die Sprache des Glaubens die Sprache der Kunst immer besonders geeignet finden. Beiden ist eine tiefere, leidenschaftlichere Sicht der Wirklichkeit eigen als allen anderen; und beiden ist daran gelegen, etwas von dieser Sicht dem *Herzen* des Menschen zu vermitteln durch Formen, die seine Aufmerksamkeit gefangennehmen. Die Kirche wird stets «neue» Gleichnisse brauchen — was immer ihre ursprüngliche «Absicht» war —, in die sie den «neuen Wein» des Neuen Testaments gießen kann. Denn «niemand füllt neuen Wein in alte Schläuche; sonst wird der Wein die Schläuche zerreißen, und der Wein geht zugrunde samt den Schläuchen. Sondern neuen Wein (füllt man) in neue Schläuche» (Mark. 2, 22). Oder, um eine andere biblische Metapher zu verwenden, die Christen sollten als «Menschenfischer» lernen, einige der neueren und besseren ihnen zur Verfügung stehenden Arten von «Ködern» wirksamer zu gebrauchen.

Historisch gesehen war die Kirche jedoch ungeduldig mit der Kunst, wie auch viele Verleumder Christi ungeduldig waren seiner Gleichnisse und Indirektheiten wegen: «Wie lange lässest du unsere Seele im ungewissen? Bist du der Christus, so sag es uns frei heraus!» (Joh. 10, 24). Die gleiche Ungeduld war oft der Grund dafür, daß das Vorgehen der Kirche jeweils einfach darin bestand «auf größere Lautstärke zu drehen», wenn sie das Gefühl hatte, daß ihre Botschaft nicht gehört würde. In ihrem Eifer, gehört zu werden, hat sich die Kirche meistens der Annäherungsart des «Verkaufens um jeden Preis» verschworen, vergessend, daß Christus, «Ein Künstler, größer als alle andern Künstler», wie Van Gogh von ihm sagte[21], um Menschen zu gewinnen, eine entschieden sanfte und mittelbare Annäherungsart verwendete: er wandelte — teilweise durch eine sehr *menschliche* Art der Liebe — das Leben seiner Jünger in *Kunstwerke,* durch welche die Milde und Güte ihrer eigenen Liebe ebenfalls den Menschen die rettende Erkenntnis der Liebe *Gottes* bringen sollte. Denn die menschliche Liebe entspricht nicht nur der sich uns verschenkenden Liebe Gottes, sondern die menschliche Liebe kann auch *eines Menschen Herz aufbrechen* und es so der ursprünglich harten, aber leeren Schale des Menschenherzens ermöglichen, *bis ins Innerste* für Gottes Liebe empfänglich zu sein. Darum spricht die Bibel so oft im Sinne von «liebe deine Feinde — es wird sie töten». So zitiert Paulus das Alte Testament, wenn er sagt «Wenn dein Feind hungert, so speise ihn; wenn er dürstet, so tränke ihn. Denn wenn du dies tust, wirst du feurige Kohlen auf sein Haupt sammeln» (Röm. 12, 20; Spr. 25, 21—22).

Aber natürlich hat die Kirche die menschliche Liebe — wie auch die Gleichnisse — als eine viel zu umwegige oder «künstliche» Art empfunden, die Liebe Gottes zu verkünden. Daher: nur weiter mit der «ungeschminkten Wahrheit» und den Lautsprecher *immer mehr aufdrehen!*

Die Kirche war auch von alters her dem Künstler gegenüber mißtrauisch auf Grund der gleichfalls altüberlieferten Ehrlichkeit des
Künstlers. Seit den Tagen, als das Christentum selbst eine Unter-
grundbewegung war innerhalb des feindlichen römischen Reiches
und sich deshalb keine Selbstgefälligkeiten erlauben konnte, zogen
es viele Christen vor, im Geheimen Umstürzler zu bleiben (oft als
Künstler der einen oder andern Richtung), damit sie tief in das
Gebiet der Ungläubigen eindringen und unterdessen unablässig
aus dem Hinterhalt gegen die erfolgreiche weltliche und selbstzu-
friedene Kirche losfeuern könnten. Aber die Kirche hat sich klug
gegen die Angriffe der Künstler geschützt, indem sie sagte: «Seht
nur, wer da spricht! Dieser neurotische, ungewaschene Halbstarke!»
oder welches gerade die Modeausdrücke der Verachtung sein mögen. Solche Argumente sind vermutlich die Disteln im Rasen eines
jeden Künstlerlebens:

Wenn daher der Künstler mit der Kirche besser vertraut werden will, muß er vielleicht weniger ehrlich — oder zumindest diplomatischer werden. In einer Peanuts-Bildfolge fragt z. B. Lucy Charlie Brown: «Findest du, daß ich garstig bin?» Nach einiger Überlegung antwortet Charlie Brown ganz offen: «Ja, ich finde, du bist sehr garstig.» «Wen kümmert es schon, was du findest?!» schreit sie ihn an. Die Kirche sollte ihrer Seele niemals dieses schmeichelnde Pflästerchen auflegen, daß nicht ihr Fehltritt, sondern des Künstlers Narrheit spreche. (Denn *ist* dies schon Tollheit, hat es doch Methode».) Wenn die heutige Kirche wirklich die größte nicht-prophetische Organisation der Welt ist, dann sollte sie diese prophetischen Seelen im wahren Geiste des Neuen Testament willkommen heißen: «Die Gastfreundschaft vergesset nicht, denn durch diese haben etliche ohne ihr Wissen Engel beherbergt» (Hebr. 13, 2). Die Kirche war früher bereit, die Kunst zu nutzen: Aber das war im allgemeinen *alles*, was sie tat — sie benützte sie, entweder als Schmuck oder zum Vergnügen oder als einfache und gewöhnlich sentimentale religiöse Darstellung oder Propaganda. Von allen Dingen, die der Mensch geschaffen, ist die Kunst dem Menschen am ähnlichsten, sie kann sogar mehr an menschlichem Leben umfassen: sie ist die Synthese eines äußerst mannigfaltigen Leibes oder einer Form mit einer tief leidenschaftlichen Seele. Deshalb sollte die Kunst, wie auch ein Mensch, nicht als *es* benützt oder angesehen, sondern als *Du* geachtet und gehört werden. Und wie der Mensch, so wird auch die Kunst — echte Kunst — immer etwas zu *sagen* haben. So sollten wir, trotz mancher verständlicher Versuche, das Zuhören zu vermeiden, jeder Kunst aufmerksam lauschen.

Peanuts, die in Amerika sehr bekannten und beliebten humoristischen Bilderfolgen, sind oft in der Form eines modernen christlichen Gleichnisses gehalten. Als Beispiel, wie sehr die Gleichnisse von Peanuts den Gleichnissen des Neuen Testaments entsprechen können — in den Lehren, in der Art, wie diese Lehren gebracht werden, und in der mittelbaren Methode —, wurde die nachstehende Bildfolge mit dem Gleichnis Christi «vom Haus auf dem Felsen und vom Haus auf dem Sand» (Matth. 7, 24—27) verbunden.

«Jeder nun, der diese meine Worte hört und sie tut, ist einem klugen Mann zu vergleichen, der sein Haus auf den Felsen baute. Und der Platzregen fiel und die Wasserströme kamen und die Winde wehten und stießen an jenes Haus, und es fiel nicht ein, denn es war auf den Felsen gegründet.

Und jeder, der diese meine Worte hört und sie nicht tut, ist dem törichten Mann zu vergleichen, der sein Haus auf dem Sand baute.
Und der Platzregen fiel und die Wasserströme kamen und die Winde wehten und stießen an jenes Haus

und es fiel ein und sein Fall war groß.»

Man *kann* also aus den Peanuts Lehren ziehen; aber wie auch bei den Gleichnissen Christi sind wir nicht immer sicher, worin diese Lehren bestehen. Oder wie Lucy sagen würde, es fällt uns schwer, «zwischen den Zeilen zu lesen». Ch. Schulz sagte einmal,

... natürlich muß ich sorgfältig abwägen, die Dinge richtig ausdrücken. Ich habe eine Botschaft, die ich vorbringen möchte, aber ich würde dabei lieber einmal etwas unklar sein, als die ganze Folge aufgeben zu müssen, nur weil sie überdeutlich ist. Eine Menge Leute haben mir geschrieben, um mir dafür zu danken, daß ich auf meine Weise in Form der humoristischen Bildfolgen predige. Das ist etwas von dem, was mir weiterhilft [22].

Wir wissen aus Artikeln von und über Ch. Schulz [23], daß er ein äußerst aktiver «Laienprediger» der Church of God (Hauptsitz in Anderson, Indiana) ist. Er hat zugegeben, wie wir gerade gesehen haben, daß er eine Art christlicher Botschaft in den Peanuts vorbringen will; aber er hat sich offensichtlich nicht näher darüber geäußert, worin diese Botschaft besteht. Warum sollte er auch? Die Aufgabe eines Auslegers (ob Geistlicher, Berufskritiker oder einsichtsvoller Laie) und die Aufgabe eines Künstlers sollten, wie ich versucht habe klarzumachen, in der Regel auseinandergehalten werden. «Wie soll man sein eigenes Werk bewerten?», war die vorsichtige Antwort von Ch. Schulz auf den Versuch eines Reporters, ihn zu seinem eigenen Kritiker zu machen [24]. Sowohl die Kirche als auch der Künstler müssen stets auf der Hut sein, ihre Aussagen nicht dadurch zu entwerten, daß sie das, was sie zu sagen haben, *allzu* allgemein verständlich halten. «Nimm die Möglichkeit des Ärgernisses weg, wie man in der Christenheit getan hat, so ist das ganze Christentum direkte Mitteilung und dann ist bald das ganze Christentum abgeschafft. Es ist ein leichtes, oberflächliches Etwas geworden, das weder tief genug verwundet noch heilt ... [25]»

So ist, wie bei Charlie Brown, die Aufgabe von Ch. Schulz vielleicht weniger die eines *Auslegers* als die eines Schöpfers von «prophetischem Schrifttum»:

Wir wollen in den folgenden Kapiteln dieses kleinen Buches einfach als Ausleger der erheiternden «fremden Zungen» oder «Gleichnisse» oder «prophetischen Schriften» der Peanuts wirken. Indem wir einige immer wiederkehrenden Themen und Symbole aufzeigen, werden wir — als christliche Ausleger — versuchen, das auszusprechen, was die Peanuts uns sagen. Jede Kritik oder Auslegung

* Hey diddle, diddle,
The cat and the fiddle,
The cow jumped over
    [the moon;
The little dog laughed
To see such a craft
And the dish ran away with
    [the spoon.

Hei diedel, diedel,
Die Katz' mit der Fiedel,
Und sieh da, über 'n Mond
    [sprang die Kuh;
Der kleine Hund lacht'
Zu sehn solche Macht,
Es lief weg das Gedeck mit
    [dem Löffel dazu.

Englischer Kinderreim (1765) A. d. Ü.

der Kunst wird gewiß von einem solchen persönlichen Blickpunkt ausgehen. «Es gibt keine ‚unbefangene Kritik‘ in diesem Sinn», schreibt S. L. Bethell; «... es gibt keine Neutralität bei den Kritikern; es gibt nur christliche Kritiker, marxistische Kritiker und mohammedanische Kritiker — und Kritiker, die sich für unparteiisch halten, in Wirklichkeit aber unbewußt von den Meinungen beeinflußt werden, die sie notwendigerweise angenommen haben als Mitglieder einer bestimmten Gesellschaft an einem bestimmten Ort und zu einer bestimmten Zeit [26].» Darüber hinaus ist der Sinn der Kunst, wie das Herz des Menschen, niemals einer objektiven Analyse zugänglich — nicht einmal mit Hilfe eines Elektronenrechners. Wissenschaftliche und historische Analysen von Kunst und Literatur, wie die sogenannte «Textkritik» von Theologen, können natürlich recht nützlich sein, wenn sie auf *Gegenstände* angewendet werden:

Ebensowenig wollen wir den Versuch unternehmen, Ch. Schulz auf bestimmte Absichten festzulegen. Solche Versuche, Urteile abzugeben, sind im Grunde genommen Versuche, «Gott zu spielen» — eine Rolle, die sich bei den himmlischen Mächten nie *allzu* großer Beliebtheit erfreute, und die deshalb allerlei verblüffende Situationen mit sich bringen kann:

«Darum richtet nicht vor der Zeit», rät der Apostel Paulus. Denn Gott allein kennt «die Ratschläge des Herzens» (1. Kor. 4, 5). Aber selbst wenn der Ausleger die tatsächlichen Absichten des Künstlers letztlich kennen *könnte,* dürfte dies seine Sicht nicht einschränken. Kunst, wie T. S. Eliot von der Dichtung sagte, «ist weder nur, was der Dichter ,plante' oder was der Leser erfaßt, noch ist ihre ,Anwendung' gänzlich auf das beschränkt, was der Autor mit ihr bezweckte oder was sie tatsächlich dem Leser gibt» [27]. Nach Paulus waren sich selbst die Zungenredner nicht im klaren über den Sinn ihrer fremden Rede und wandten sich deshalb an Ausleger zur «Erbauung» (1. Kor. 14, 13).

Unser Zugang zu den Peanuts wird also nicht ein *«Hineinlesen»*, sondern ein *«Heraus*lesen» sein; unsere Arbeit wird also weniger darin bestehen herauszufinden, was Ch. Schulz tatsächlich in seine Zeichnungen *hinein*gelegt hat, als zu sagen, was *aus* seinen Zeichnungen zu uns spricht. Bekenntnis oder Zeugnis ist die Grundlage der christlichen Auslegung der Kunst, wie es die Grundlage für eine christliche Auslegung aller Dinge ist. Wenn eine Auslegung anscheinend für alle oder doch die meisten Teile des Puzzles zusammenhängend zutrifft, kann es schon sein, daß die Einsicht des Auslegers genau mit der Sicht des Künstlers übereinstimmt. Aber noch immer weiß man das keineswegs sicher. *Das* muß der Leser für sich entscheiden.

Gelegentlich treffen wir auf Leute, die keinen Wert auf «gesalzene» Peanuts legen — noch auf Salz bei irgendeiner Form der Kunst. «Warum könnt ihr Theologen uns diese Dinge nicht einfach genießen lassen?», ist ihr Einwand. Gut gesagt! Wir haben sicher nicht die Absicht, irgend jemandem die Freude zu verderben — ganz im Gegenteil! Wir wünschen jedermann noch mehr und größere Freude! Wir meinen aber, daß die Verfechter einer so grundsätzlichen Unterscheidung oder Trennung von Kirche und Kunst *erstens* dem Künstler keinen Gefallen erweisen, wenn sie sagen, daß seine Kunst keinem anderen Zweck zu dienen vermag, als unser Verlangen nach Genuß zu befriedigen. Schon dieses letztere, zugegeben, ist eine Berufung. Aber zu behaupten, daß die Kunst weder mehr als das kann, noch soll, noch tut, heißt den Künstler zu gering einschätzen bei seiner wichtigen Rolle, die er immer bei der Gestaltung unseres Lebens gespielt hat. Es gilt für alle Künstler, was Eliot gesagt hat: «... der Autor, welches immer seine bewußten Absichten beim Schreiben sein mögen, kennt in der Praxis keine solchen Unterscheidungen. Der Autor eines dichterischen Werkes will uns, als Menschen, bis ins Innerste bewegen, ob er es weiß oder nicht; und wir, als Menschen, werden davon berührt, ob wir es wollen oder nicht [28].»

Zweitens verrät der Wunsch nach Trennung von Kirche und Kunst — wie jedes Urteil über Kunst — den Wert des Glaubens, der hinter einem solchen Einwand steht: es ist ein solcher «Klein-Glaube», daß er nicht anders als in einem engen, abgeschlossenen Raum existierend vorstellbar ist; ein Glaube, der keineswegs für *alles* im Leben bedeutungsvoll ist und daher überhaupt kein *Glaube* ist, sondern nur ein winziges Loch, bestenfalls groß genug für den Kopf eines menschlichen Vogels Strauß. Ein Glaube, der in Kunst und Humor, im Traurigen wie im Heiteren, keinen wirklichen Sinn findet, ist ein Glaube ohne jede Freude am Leben selbst. «Durch Glauben erkennen wir, daß die Welten durch ein (Allmachts-)Wort Gottes bereitet worden sind, damit nicht (etwa) aus wahrnehmbaren Dingen das Sichtbare entstanden sei» (Hebr. 11, 3). Wenn die Kirche versäumt, die göttliche Phantasie, die ihr gegeben ist, zu nutzen, das Unsichtbare zu sehen, «Predigten in den Steinen und Gutes in allem» zu sehen, zu sehen, daß «Alles Vergängliche nur ein Gleichnis ist» [29], wie Karl Barth zitiert, dann wird sie dauernd in Verlegenheit gebracht von einer Welt, die eine größere Vorstellungskraft besitzt als sie selbst.

DIESE WOLKE ÄHNELT EIN BISSCHEN DEM PROFIL VON MICHELANGELO, DEM BERÜHMTEN MALER UND BILDHAUER...

UND DIESE WOLKENGRUPPE DORT SIEHT AUS WIE DIE STEINIGUNG DES STEPHANUS. AUF DER EINEN SEITE DORT SEHE ICH DEN APOSTEL PAULUS STEHEN....

HM, HM... DAS IST AUSGE- ZEICHNET... WAS SIEHST DU IN DEN WOLKEN, CHARLIE BROWN?

ICH WOLLTE SAGEN, ICH SEHE EINE QUAK- ENTE UND EIN HÜH-PFERDCHEN, ABER ICH HAB'S MIR ANDERS ÜBERLEGT!

SCHULZ

42

Hinterhältig ist das Herz über alles und heillos ist es, wer kann es ergründen?
Jeremias 17, 9

Alle haben ja gesündigt und ermangeln der Ehre vor Gott.   *Römer 2, 23*

Es ist immer so. Mach bloß eine *Andeutung*, daß einige ihrer Probleme bei ihnen selbst liegen, und schon sind sie böse auf dich!   *Snoopy*

2. «Das ganze Problem»: Erbsünde

Obwohl «Sünde» vielleicht kein sehr originelles Thema ist, wollen wir dennoch hier die Erb-Sünde besprechen. Die ererbte Sündhaftigkeit des Menschen — aller Menschen — ist im Neuen Testament fast eine Selbstverständlichkeit; sie bildet die Voraussetzung für beinahe alles, was im Neuen Testament gesagt wird. Christus selbst schien meistens diesen Aspekt der menschlichen Natur vorauszusetzen. So wandte sich Christus an jeden einzelnen der großen «Menge», als er in der Bergpredigt sagte: «Wenn ihr, die ihr (doch) böse seid, euern Kindern gute Gaben zu geben wißt...» und so weiter (Matth. 7, 11). Und wie Karl Barth es ausdrückte: «Gerade weil Christus geboren ist, müssen wir die Welt als vor Gott verloren verstehen [30].» Denn, wenn die ganze Menschenwelt nicht hoffnungslos in den Tiefen einer mißlichen Lage steckt, aus denen es *keine* mögliche Rettung oder Erlösung gibt, dann ist es wirklich unnötig für den «Retter der Welt», auf die Welt zu kommen. «Da wir zu diesem Urteil gekommen sind, daß einer für alle gestorben ist, also alle gestorben sind» (2. Kor. 5, 14), sagt der Apostel Paulus. Darum heißt es im Neuen Testament: «Doch Jesus selbst vertraute sich ihnen nicht an, weil er alle kannte und weil er nicht nötig hatte, daß jemand über den Menschen Zeugnis ablege; denn er erkannte selbst, was im Menschen war» (Joh. 2, 24). Und «was war», nach Jesus, «im Menschen»?

Höret mir alle zu und verstehet! Nichts kommt von außen in den Menschen hinein, das ihn verunreinigen kann... Was aus dem Menschen herauskommt, das verunreinigt den Menschen. Denn von innen, aus dem Herzen der Menschen, kommen die bösen Gedanken, Unzucht, Diebstahl, Mord, Ehebruch, Habsucht, Bosheit, List, Ausschweifung, neidischer Blick, Lästerung, Hochmut, Narrheit. Alle diese bösen Dinge kommen von innen heraus und verunreinigen den Menschen (Mark. 7, 14—15, 20—23).

«Höret mir alle zu und versteht es!», bittet Jesus vielleicht mit einem leichten Anflug von Ungeduld. Denn des Menschen von Natur aus verstocktes Herz ist nicht nur eine endgültige Schranke für das Hören und Verstehen des Evangeliums, wie wir im letzten Kapitel zu zeigen versuchten, sondern diese *grundlegende Sündhaftigkeit* erklärt auch, warum die Menschen ihre eigene grundlegende Sündhaftigkeit immer wieder in Abrede stellen — oder, im Falle der Kirche, diese immer wieder *vergessen*. Luther schrieb: «...tanta est humanae naturae corruptio et caecitas, ut non videat nec sentiat magnitudinem peccati [31].» («So groß ist die Verderbtheit und Blindheit der Menschennatur, daß sie die Übermacht der Sünde nicht sieht noch fühlt») — oder, könnten wir hinzufügen, «die Verderbtheit und Blindheit der Menschen» nicht sieht noch fühlt. Lucy faßt «das ganze Problem» folgendermaßen zusammen:

DAS GANZE PROBLEM BEI DIR IST,
DASS DU NICHT HÖREN WILLST,
WAS DAS GANZE PROBLEM BEI
DIR IST!

Aber Lucy ist auch keine so gute Zuhörerin. In einer anderen Folge
erklärt sie Charlie Brown: «Das ganze Problem bei dir liegt darin,
daß du den Sinn des Lebens nicht verstehst!» «Verstehst *du* den
Sinn des Lebens?!», fragt er sie. Ihre Antwort: «Wir reden nicht
von mir, sondern von dir!»

Die Lehre von der Erbsünde ist ein immer wiederkehrendes Thema
bei den Peanuts. Nachdem Lucy einmal Charlie Brown aufgezeigt
hat, daß seine mückengroßen Tugenden niemals den elefantasti-
schen Berg seiner «unzähligen Fehler» aufwiegen können, fragt
sie ihn: «Findest du nicht, du hast Glück, daß ich hier bin, um
diese Dinge auf so anschauliche Art aufzuzeigen?» Natürlich haben wir Glück! Denn, wie David Hume feststellte, die beste Art,
das Feuer alter und mißverstandener Glaubensbekenntnisse wieder
anzufachen, besteht eben darin, diese Begriffe mit «sinnlichen»
(= konkreten) Bildern anschaulich zu machen [32]. Daher wollen wir
in dieser Art fortfahren.

*

Zuerst einmal geht es bei der Lehre von der Erbsünde (einschließ-
lich der Geschichte vom Paradies) nicht so sehr darum, *wie* die
mißliche Lage der Menschheit so geworden ist, sondern es geht darum zu zeigen, *worin* diese mißliche Lage besteht. Und worin besteht diese «mißliche Lage der Menschheit»? Jeder von uns, jeder
Mensch, von einem Weib geboren, ist unter dem *Fluch* der Sünde
geboren («Ein Fluch tritt ins Leben / wie ein Kind entsteht» [33]),

45

wir alle haben unser persönliches *Erbteil* an der Sünde, wir alle *ererben* so unser Leben — und deshalb der Name *«Erb-Sünde»*. (Aus eben diesem Grund nennen einige Kirchen die Erbsünde auch «Geburts-Sünde».) Aber diese Sündhaftigkeit offenbart sich nicht unbedingt in Neid oder Haß; oft zeigt sie sich in unserem Bewußtsein als eine Art «namenlosen Wehs»:

Christus macht es eindeutig klar, daß es für uns einfach nicht genug ist, nur *einmal* im Leben geboren zu werden — «wenn jemand nicht von neuem geboren wird, kann er das Reich Gottes nicht sehen». Denn «was aus dem Fleisch geboren ist, das ist Fleisch und was aus dem Geist geboren ist, das ist Geist» (Joh. 3, 3, 6).

46

So hat «der Tag der Geburt» große Bedeutung in der ganzen Schrift. Als Erbteil des Schicksals für Gut oder Böse ist der Geburts-Tag «gesegnet» oder «verflucht». «Soviel auf dieser Welt hängt davon ab, wer zuerst geboren wurde!», beklagt sich Linus, als er von seiner älteren Schwester im Regen stehengelassen wird, weil sie das Vorrecht auf den Schirm hat. So konnte Christus sagen: «aber wehe dem Menschen, durch den der Sohn des Menschen verraten wird! Es wäre ihm besser, wenn er nicht geboren wäre» (Mark. 14, 21).

Es ist wichtig zu betonen, daß Erbsünde nichts zu tun hat mit unmoralischen Handlungen oder bösen Taten, die wir je begangen haben. Sie weist auf etwas viel *Tiefgründigeres* als eine bestimmte Tat, denn sie bezieht sich auf den Ursprung oder das grundlegende Motiv *aller* unserer Handlungen. Mit anderen Worten, wir sind keine Sünder, weil wir «manchmal sündigen», sondern wir «sündigen manchmal», weil wir *durchwegs* Sünder sind. «Sünde» ist nur *eine* Art der vielen Möglichkeiten, wie sich die *Sünde* zeigen kann. «Das ganze Problem» liegt nun darin, *wer wir — im Grunde — sind,* oder um damit zu beginnen:

Die Lehre von der Erbsünde bedeutet auch, daß der *Wille* des Menschen voll und ganz der Sünde hörig ist. Als Beispiel eines doktrinären Ausdrucks dieser Ansicht sagt das *«Book of Common Prayer»*:

Der Stand des Menschen nach dem Sündenfall ist derart, daß er mit der natürlichen eigenen Kraft und mit seinen guten Werken sich selbst weder zum Glauben noch zur Anrufung Gottes wenden oder bereiten kann. Deshalb steht es nicht in unserer Macht, gute Werke zu tun, die Gott gefällig und willkommen sind, ohne daß uns Gottes Gnade durch Christus hilft, guten Willens zu sein und mit uns wirkt, wenn wir diesen guten Willen haben («Articles of Religion», X).

Den wahrscheinlich berühmtesten biblischen Ausdruck für die Knechtschaft des menschlichen Willens in der Sünde finden wir im Römerbrief, wo der «elende» Apostel schreibt:

Denn was ich vollbringe, erkenne ich nicht; denn nicht, was ich will, das führe ich aus, sondern was ich hasse, das tue ich... Denn ich weiß, daß in mir, das ist in meinem Fleische, nichts Gutes wohnt. Denn das Wollen ist zwar bei mir vorhanden, das Vollbringen des Guten aber nicht... Denn nach dem inwendigen Menschen habe ich Lust an dem Gesetz Gottes; ich sehe aber ein anderes Gesetz in meinen Gliedern, das dem Gesetz meines Innern widerstreitet und mich zum Gefangenen des Gesetzes der Sünde macht, das in meinen Gliedern ist. Ich elender Mensch! Wer wird mich erlösen von diesem Leibe des Todes? (Römer 7, 15, 18, 22–24).

In den folgenden Zeichnungen gelingt es Lucy beinahe, Paulus in diesem Punkt zu übertreffen, indem sie nicht nur ausdrücklich dasselbe sagt, sondern die ganze Sache auch in ihrer wohlbekannten «anschaulichen Art» «aufzuzeigen» weiß – diesmal dem «elenden» Linus:

Was meint Paulus, wenn er sagt: «Denn das Wollen ist zwar bei mir vorhanden, das Vollbringen des Guten aber nicht»? Wahrscheinlich etwas in diesem Sinn:

Und was meint Paulus, wenn er sagt: «Denn was ich vollbringe, erkenne ich nicht.» Wahrscheinlich etwas Ähnliches wie Linus, der auf Lucys Frage, warum er den Deckel ihres Bilderbuchs abgerissen habe, antwortet: «Ich weiß es nicht. Ich weiß es wirklich nicht. Warum mache ich so dumme Sachen? Warum denke ich nicht? Was ist los mit mir? Wo bleibt mein Verantwortungsgefühl? Dann frage ich mich, bin ich wirklich verantwortlich? Ist es wirklich meine Schuld, wenn ich etwas falsch mache? Muß ich für meine Fehler einstehen?» PENG! — Sie gibt's ihm mit allem Unwillen einer erzürnten Gottheit, ungeduldig über einen Willen, der in der Paralyse der Analyse gefangen ist. «Leute wie sie denken nie über diese Dinge nach!», bemerkt der betroffene Linus.

Die Unfreiheit des menschlichen Willens zeigt sich in den Peanuts wie auch im Leben sehr häufig — durch den so bezeichnenden *Wandel,* der doch nie stattfindet. In einem Gespräch über Egoismus und Grausamkeit der Kinder sagte Ch. Schulz: «Wir Erwachsenen wandeln uns nicht so stark und höchstens oberflächlich, weil wir so besser zu Rande kommen [34].» J. D. Salinger steht auf demselben Standpunkt in *Franny und Zooey,* wenn er Zooey seiner Schwester erklären läßt:

«Sag mir nur nicht wieder, daß du zehn Jahre alt warst. Dein Alter hat nichts mit dem zu tun, worüber ich rede. Es gibt keine großen *Wandlungen* zwischen zehn und zwanzig, oder zwanzig und achtzig, wenn du willst. Du kannst einen Jesus *immer noch* nicht so lieben, wie du gerne möchtest, einen Jesus, der einige Dinge gesagt und getan hat, von denen zumindest berichtet wird, daß er sie gesagt oder getan habe — und du weißt das [35].»

Die Unfähigkeit der Peanuts-Kinder, irgendeine grundlegende Wandlung zum Besseren in sich selbst — oder in den anderen — herbeizuführen, ist ein immer wiederkehrendes Thema in den Peanuts. Charlie Brown fühlt, daß er die Hochachtung seiner kleinen Schwester Sally verloren hat, weil er zu feige war, sie vor einem Spielplatz-Tyrannen zu beschützen. Linus versucht ihn aufzumuntern, indem er ihn fragt, ob er nicht wünsche, daß er nochmals in die gleiche Lage käme. Aber Charlie Brown kann nur antworten: «Nein, ich würde es wahrscheinlich wieder so machen.» Charlie Brown seinerseits versucht den deckenliebenden Linus aufzumuntern, der Besuch von seiner «deckenhassenden Großmutter» bekommen soll. Er sagt zu Linus, daß «sie sich vielleicht, seit sie das letzte Mal da war, beruhigt hat». «Eher fällt der Mond herunter!», antwortet Linus mit einem Skeptizismus, der sich später als wohlbegründet erweist. Lucys Antwort auf Charlie Browns Bemerkung, daß sie «wieder einmal ihr garstiges Gesicht macht», lautet: «Es ist gar nichts dabei, garstig zu sein! Ich bin stolz darauf, garstig zu sein! Die garstigen kleinen Mädchen von heute sind die garstigen alten Frauen von morgen!» Später jedoch, als Lucy den ehrlichen Versuch unternimmt, «mit den Leuten netter zu sein», erklärt ihr ihre Freundin Patty: «Du wirst dich nie ändern können. Du wirst immer ein garstiges kleines Mädchen sein! Du wurdest garstig geboren, und du wirst immer garstig bleiben! Glaub nur ja nicht, daß du dich ändern wirst, denn das wirst du nicht!» «Ich fühle mich plötzlich sehr erleichtert!», antwortet Lucy, die es ohnehin schwierig fand, nicht sie selbst zu sein. Die klassische Peanutserläuterung für diese eher pessimistische Ansicht über die Menschheit ist der Trick mit dem Ball, bei dem alljährlich die tapfere Überzeugung Charlie Browns von der Freiheit des Menschen und seiner Güte unfehlbar von Lucy auf den Boden der Wirklichkeit gestellt wird:

52

Lucys «Ehrenwort» (bonded word = gebundenes, unfreies Wort), klingt daher mehr wie etwas, was die Theologen als «Unfreiheit des Willens» bezeichnet haben; und Charlie Brown hört sich an wie ein Jünger des Pelagius, der «gewohnt war, die Aufmerksamkeit auf die Fähigkeiten und den Charakter der Menschheit zu richten und zu zeigen, was diese alles erreichen kann» [36]. Der Pelagianismus selbst wurde allerdings auf den Boden der Wirklichkeit gestellt, als er am Dritten Ökumenischen Konzil in Ephesus im Jahre 431 als Häresie verurteilt wurde. Aber, wie Pascal sich einmal beklagte, die Kirche wird immer ihren Anteil an Pelagiern haben. Eine moderne ältere «Säule» der Kirche soll, nachdem man ihr die Lehre von der Erbsünde erklärt hatte, erzürnt ausgerufen haben: «Na, wenn wir wirklich alle so schlimm dran sind, dann gnade uns Gott!» Beim Pelagianismus weiß man manchmal wirklich nicht, ob man weinen oder lachen soll.

*

Und «wir haben soeben ... erwiesen, daß sie alle unter der Herrschaft der Sünde seien» (Röm. 3, 9); alle sind wir ins Leben geworfen, oder erwachen «unter dem Fluch» (Gal. 3, 10). Wie im Fall des Blindgeborenen (Joh. 9) ist diese Situation weder «unser Fehler» noch der unserer Eltern. «Sündig ist der Stand, in dem wir uns befinden, unabhängig von Schuld» [37], wie Kafka es ausdrückte. Wir sind verflucht, einfach weil wir den angeborenen Fehler haben, daß uns das eine Erforderliche abgeht — der Glaube an unseren Schöpfer. Niemand betritt die Welt mit «eingebautem» Glauben oder kommt in Anbetung Gottes auf seine Lebensbühne. «Oder ist von euch das Wort Gottes ausgegangen?» (1. Kor. 14, 36). Aber obwohl «das göttliche Versprechen der Gnade kein Licht ist, das aus uns geboren» [38], werden wir dennoch nie unmittelbar der inneren Dunkelheit gewahr oder uns ihrer bewußt, weil sie so tief in uns gründet. Als natürliche Menschen erwachen wir zum Leben mit dem Glauben an das Natürliche und mit einem Gefühl des Wohlseins; als Menschen dieser Welt kommen wir in diese Welt mit dem Empfinden, daß das Leben und wir selbst im Grunde gut seien. Erst wenn wir wirklich erwachen, entdecken wir, wie mißlich unsere Lage ist: wir sind «unter dem Fluch» * der Mächte erwacht, die viel höher sind als wir selbst. «So waren auch wir, als wir unmündig waren, den Naturmächten der Welt wie Sklaven unterworfen» (Gal. 4, 3):

Diese Lage ist das, was das Neue Testament mit «Unter-dem-Gesetz»-Stehen meint. Das Gesetz lehrt uns, daß wir nicht so gut oder gott-ähnlich sind, wie wir gedacht haben. Dies geschieht, indem wir in eine Lage versetzt werden, in der wir uns selber helfen *müssen* — und es dennoch *nicht können*. So konnte Paulus sagen: «Nun

* «in the doghouse: amerikanischer Slang = in Ungnade, unter dem Fluch; eigentlich = in der Hundehütte. Vgl. die folgende Zeichnung. A. d. Ü.

54

lebte ich einst ohne (Kenntnis vom) Gesetz. Als jedoch das Gebot kam, lebte die Sünde auf, ich aber starb» (Röm. 7, 9). Denn «... das Trachten des Fleisches... unterwirft sich dem Gesetz Gottes nicht; es vermag das ja auch nicht» (Röm. 8, 7).

Wie können wir nun aus dieser Hundehütte (Ungnade), in der wir uns plötzlich gefangen finden, herauskommen? Oder, wie Christus sagte: «Wie kann ein Satan den anderen austreiben?» (Mark. 3, 23). Antwort: Dabei «kommt es nun nicht auf den an, der will, noch auf den, der läuft, sondern auf Gott, der sich erbarmt» (Röm. 9, 16). Mit andern Worten: «...durch Gnade,...nicht mehr aus Werken, weil sonst die Gnade nicht mehr Gnade ist» (Röm. 11, 6). Deshalb hat man von Gottes Erbarmen oft als *«unwiderstehlicher* Gnade»

gesprochen oder gedacht. Unser eigenes befangenes Wollen wird überwältigt von einem stärkeren Willen, von «etwas, dem wir einfach nicht widerstehen können». Und genau so wird der dem Untergang geweihte Snoopy am Ende «gerettet». Charlie Brown ruft die «Lebensrettungsgesellschaft», die empfiehlt, «ihn mit seinem Lieblingsessen herauszulocken — mit etwas, dem er einfach nicht widerstehen kann». So wird Snoopy «mit Hilfe einer Pizza gerettet!» Denn eine Sekunde, nachdem er zum Essen, dem er nicht widerstehen kann, rausgesaust ist, fällt der Eiszapfen herunter und zertrümmert seine Hundehütte.

Es ist daher im Neuen Testament nicht das Werk der *Hand* eines Menschen, sondern einzig und allein der Glaube seines *Herzens* an Christus, oder jemandes «Hunger nach Gerechtigkeit», der einen Menschen retten oder befriedigen kann. Weil nun des Menschen von Natur aus stolzes Herz nur *durch* Gott zu Gott hingelenkt werden kann, ist der Glaube niemals etwas, dessen man sich «rühmen» kann, während des Menschen eigener Hände Werk dies sehr wohl sein kann.

Wo bleibt nun der Ruhm? Er ist ausgeschlossen. Durch was für ein Gesetz? Durch das der Werke? Nein! sondern durch das Gesetz des Glaubens. So halten wir nun dafür, daß der Mensch durch den Glauben gerecht gesprochen werde, ohne Werke des Gesetzes (Röm. 3, 27—28).

Wie viele gute Werke oder gerechte Taten ein Mensch auch immer sein *ganzes Leben* hindurch vollbracht haben mag, sie sind alle *umsonst* in bezug auf seine eigene endgültige Zufriedenheit, wenn sie aus dem falschen Grund getan wurden — oder, um es bildlich auszudrücken, wenn sie mit «schmutzigen Händen» vollbracht wurden. Von den Versuchen eines Pontius Pilatus oder einer Lady Macbeth, ihre mit Schuld befleckten Hände zu reinigen, bis zu Sartres modernem Schauspiel *Die schmutzigen Hände,* haben sich Schriftsteller oft der schmutzigen Hände als eines äußeren Zeichens einer inneren Schändlichkeit bedient. Daher: «Reiniget die Hände, ihr Sünder, und heiliget die Herzen . . . Demütiget euch vor dem Herrn, so wird er euch erhöhen . . . Jetzt aber rühmt ihr euch in euren Prahlereien. Jedes derartige Rühmen ist böse» (Jak. 4, 8, 10, 16).

Wir können über Linus lachen, da ihm von Lucy Einhalt geboten wird, bevor er auf diesem Weg weiterschreiten kann. Leider geschieht das nicht immer. Nehmen wir zum Beispiel, was der große «König über Israel», «der Prediger», klagte, als das Ende seines Lebens nahte: «Doch als ich all meine Werke ansah, die meine Hände gewirkt hatten, und die Mühe, die ich damit gehabt, siehe, da war alles nichtig und ein Haschen nach dem Wind. Es gibt keinen Gewinn unter der Sonne» (Pred. 2, 11).

Die sündige Natur des Menschen — ihr entkommt er niemals — ist nicht nur davon die Ursache, daß jeder Mensch und jede Generation für sich die Wahrheit von Grund auf lernen muß, sie ist auch die Ursache des hartnäckig trägen Erinnerungsvermögens derer, die die Wahrheit erfahren *haben* — der Kirche. Die Mahnung «Gedenke» wird in der Bibel dem auserwählten Volk Gottes wieder und wieder vorgehalten. Denn es ist der unglückselige naturgegebene Hang auch des *losgesprochenen* Sünders, seine eigene persönliche Begegnung mit Gott zu vergessen und das Natürliche gegen das «Übernatürliche» austauschen zu wollen, das Sichtbare gegen das Unsichtbare, das Wissen gegen den Glauben, das Kontrollierbare gegen das Unkontrollierbare, das Nachweisbare gegen das Unnachweisbare, das Geschöpf gegen den Schöpfer, die sichtbare Autorität gegen die unsichtbare Autorität. Um ihr Gedächtnis an ihren Gott — Gott, wie er in der Geschichte als Jesus und in der Folge dem Menschenherzen in und durch Jesus Christus in der Person des Heiligen Geistes erkannt wurde und wird — um dieses Gedächtnis zu sichern, besitzt die Kirche verschiedene heilige «Wegweiser»: die *Sakramente* («Das tut zu meinem Gedächtnis», Lukas 22, 19); die *Schrift* («Ihr durchforscht die Schriften, weil ihr meint, in ihnen ewiges Leben zu haben; und diese sind es (doch), die von mir zeugen», Joh. 5, 39) und die *Kirchen* («... und ihr werdet meine Zeugen sein in Jerusalem und in ganz Judäa und Samarien und bis ans Ende der Welt», Apg. 1, 8), um die wichtigsten Wegweiser zu nennen. «Gott ist Geist, und die ihn anbeten, müssen ihn in Geist und Wahrheit anbeten» (Joh. 4, 24). Daher ergeben sich für die Kirche immer Schwierigkeiten, wenn sie vergißt, daß «der Wind (Geist) weht, wo er will» (Joh. 3, 8) und daß «Kein Mensch Gewalt hat über den Wind (Geist)» (Pred. 8, 8). Denn dann versucht die Kirche immer *anstelle* Gottes einen sichtbaren Wegweiser zu setzen, der *auf* Gott hinweist. Und so kann die Schrift, der *Bericht* von dem Wort Gottes, *das* Wort Gottes werden; ein bestimmter heilbringender Strom der Gnade Gottes kann *der* Gnadenstrom werden; eine bestimmte Kirche kann *die* Kirche werden. So haben die Menschen ständig die Tendenz, wenn sie auf die Kirche hinweisen, zu sagen, sie ist «auf diesem Berge» oder «in Jerusalem» (Joh. 4, 21) oder zu «sagen: Siehe, hier! oder: dort!», vergessend, daß Christus ausdrücklich darauf bestand: «das Reich Gottes ist in eurer Mitte» (Luk. 17, 21). Ch. Schulz sagte:

Meine Gefühle in diesen Dingen sind vielleicht ein bißchen merkwürdig, aber ich glaube daran, daß niemand sozusagen zur Kirche «gehen» kann. Wie kann man zu etwas gehen, von dem man bereits ein Teil ist? Wenn man ein Christ ist, *ist* man die Kirche [39].

Es gibt zweifellos viele Möglichkeiten, diese Ansicht zum Ausdruck zu bringen. Die nachstehende Bildfolge ist vielleicht eine von ihnen:

Wir alle, «das Menschengeschlecht», um John Henry Newman zu zitieren, «ist in ein schreckliches Ur-Elend verwickelt» [40]. Obwohl die Lehre von der Erbsünde «Die Lehre, die sich aus jeder ehrlichen Geschichtsbetrachtung ergibt» [41], sein kann, ist sie doch ein

Glaubensartikel. «Die Erbsünde ist für die Menschen Torheit, aber man nennt sie auch so», sagte Pascal; «und wie sollte der Mensch mit dem Verstand einsehen, was vernunftwidrig ist, und von dem sich die Vernunft entfernt, sobald man es ihr vorlegt, statt es auf ihren Wegen auszusinnen? [42]» Oder wie Linus es ausdrückt: «Wie kann man vierdimensionale Probleme lösen, wenn man ein dreidimensionales Hirn hat?» Wie es nur durch den Glauben oder persönliche Erfahrung möglich ist, daß Christus «für mich» Christus werden kann, so kann es nur eine Sache des Glaubens sein, daß ich die Welt als mit Haß erfüllt sehe — «gegen mich».

«Alle Menschen hassen sich von Natur untereinander. Man hat sich, so gut man konnte, des bösen Gelüstens bedient, um es dem öffentlichen Wohl dienstbar zu machen [43].» Dies ist die gleiche Ansicht, die Augustinus dazu brachte zu sagen, daß die rühmlichen

Tugenden der guten Heiden nichts weiter seien als glänzende Laster, und die Calvin darauf beharren ließ, daß jede Herrschaft, die auf dieser etwas realistischeren Beurteilung der menschlichen Natur aufbaue, eine größere Aussicht auf Erfolg hätte als irgendeine Utopische Gesellschaft, die auf einen «idealen» Menschen baue:

Parquoy le vice, au défaut des hommes, est cause que l'espèce de supériorité la plus passable et la plus seure est que plusieurs governent, aidans les uns aux autres, et s'advertissions de leur office ; et si quelcun s'eslève trop haut, que les autres luy soyent comme censeurs et maistres [44].
(Bei der Sündhaftigkeit oder Unvollkommenheit der Menschen ist es daher erträglicher und sicherer, wenn die Regierung in der Hand vieler liegt, so daß diese einander mit Rat und Tat beistehen könnten, und damit, wenn einer zu hoch hinaus wollte, die andern ihm Richter und Lehrmeister seien.)

Die Menschen werden ihre angeborene Feindseligkeit immer vergessen und zusammenarbeiten — so lange sie glauben, daß dieses Einander-Helfen ihren eigenen Zwecken dienlich ist:

* Halloween (kurz für All Hallow E'en): Der Abend vor Allerheiligen, der Abend des 31. Oktober, der Anlaß für allerlei fröhliche Feste ist, hauptsächlich für Kinder (z. B. mit Lampions aus ausgehöhlten Kürbissen, in die eine Kerze gestellt wird). A. d. Ü.

Der Herr schaut vom Himmel herab auf die Menschenkinder, daß er sehe, ob ein Verständiger da sei, der nach Gott frage. Alle sind sie entartet und miteinander verdorben; keiner ist, der Gutes tut, auch nicht einer (Ps. 14, 2–3).

Die Menschenkinder im vorhergehenden Psalm könnten sehr wohl von Peanutskindern dargestellt werden, denn in beiden Fällen scheinen *alle* «entartet zu sein». Selbst der liebenswerte und duldende Charlie Brown, wie Ch. Schulz von ihm gesagt hat, «tut nie etwas Gemeines, aber er ist schwach, eitel und sehr verwundbar... Und sind nicht alle Kinder Egoisten?», fragt Ch. Schulz. «Und grausam? Kinder sind Karikaturen der Erwachsenen [45].» Ch. Schulz wollte tatsächlich seine Bildfolge eigentlich «Kleines Volk» nennen und war offenbar ziemlich enttäuscht über die «schreckliche Bedeutungslosigkeit» des Titels «Peanuts», als die Zeichenfolgen von einer Agentur umbenannt wurden [46].

*

Kinder können ein gutes Sinnbild sein für die von Geburt ererbte Sündhaftigkeit des Menschen, da alle Menschen als Kinder *und* als Sünder geboren werden. «Siehe, in Schuld bin ich geboren und meine Mutter hat mich in Sünden empfangen» (Ps. 51, 7). Aus diesem Grund können die Peanutskinder als eine Art komisches Gegenstück angesehen werden zu der Art von Kindern in William Goldings furchtbarem Traktat der Zeiten, *Herr der Fliegen*. Die Kinder bei Golding, wie auch eine ständig wachsende Zahl von jungen Leuten in der modernen Literatur, helfen uns zu sehen, daß der unbeeinflußte Mensch — vollkommen frei, er selbst zu sein, zu tun, was ihm gerade einfällt, ohne Evangelium und ohne Achtung vor dem Gesetz — ein Wilder ist. Golding nahm folgendermaßen zu seinem Buch Stellung:

Das Thema ist ein Versuch, die Mängel der Gesellschaft auf die Mängel in der menschlichen Natur zurückzuführen. Die Moral besagt, daß die Form einer Gesellschaft auf der ethischen Natur des einzelnen beruhen muß und nicht von irgendeinem politischen System abhängen darf, wie folgerichtig oder angesehen dieses auch immer scheinen mag. Das ganze Buch ist in seiner Art sinnbildlich, mit Ausnahme der Rettung am Ende, bei der das Leben der Erwachsenen würdig und fähig erscheint, in Wirklichkeit aber in demselben Übel verstrickt ist wie das sinnbildliche Leben der Kinder auf der Insel. Der Offizier, der eine Menschenjagd unterbrochen hat, macht alles bereit, um die Kinder auf einem Kreuzer von der Insel wegzuführen, einem Kreuzer, der sofort wieder die Jagd nach dem Feind auf dieselbe unerbittliche Art aufnehmen wird. Und wer wird die Erwachsenen und ihre Kreuzer retten [47]?

Goldings Analogie führt von den Kindern über die Erwachsenen zu den Nationen, wie in der nachstehenden Bildfolge und mit genau den gleichen Ergebnissen:

Das Kind jedoch als Sünder zu betrachten, war nie ein allgemein beliebter Standpunkt und wird es wahrscheinlich nie sein. Es ist daher möglich, daß der moderne «Kinderkult», der an der «ursprünglichen Unschuld» des Kindes festhält, teilweise eine Reaktion auf die Lehre von der Erbsünde ist. «Diejenigen, die glauben, daß der Mensch im wesentlichen gut ist (,sündlos') und nur von der Gesellschaft verdorben wird», schreibt H. A. Grunwald, «betrachten das Kind als ein unverdorbenes Bündel Leben, das hauptsächlich auf Grund der bösen Dinge, die in seiner ,Umgebung' geschehen, ,auf Abwege gerät'[48].» Wann immer möglich sind sogar die jüngsten Peanutskinder schlau genug, diesen Standpunkt auszunützen:

Eines Tages zerbricht Linus daheim eine Tischlampe, während er einem Spielflugzeug nachjagt. Lucy erklärt ihm: «Ha, jetzt ist's passiert! Und du kannst niemandem als dir die Schuld geben!» Nach kurzem Nachdenken meint Linus: «Vielleicht könnte ich der Gesellschaft die Schuld geben!» Christus nahm die Kinder als Vergleich für die *Haltung* — und nicht als *Grundlage* der Haltung — von Glaube und Demut, die die Menschen erst lernen müssen, bevor sie «Kinder Gottes» *werden* können. So müssen die Menschen «umkehren und werden wie die Kinder» — und nicht Kinder sein oder bleiben (Matth. 18, 3). «Das will sagen; Nicht die leiblichen Kinder, die sind Kinder Gottes, sondern die Kinder der Verheißung werden als Nachkommenschaft gerechnet» (Röm. 9, 8). Oder wie Johannes sagte: «... denen, die an seinen Namen glauben, denen gab er Anrecht darauf, Kinder Gottes zu werden, welche nicht aus Blut noch aus Fleischeswillen noch aus Manneswillen, sondern aus Gott gezeugt sind» (Joh. 1, 12—13). Die gleiche unsentimentale Ansicht über Kinder hat nicht nur Ch. Schulz veranlaßt zu sagen «Vielleicht führe ich die unbarmherzigste Bildfolge», sondern sie hat auch viele ärgerliche Briefe von Lesern zur Folge gehabt, die Einspruch erhoben gegen diese «Grausamkeit» [49]. In den Peanuts wiederum wird gegen eine solche Sentimentalität Einspruch erhoben. Eines Tages, zum Beispiel, nachdem Charlie Brown aus dem Kreis seiner Freunde «hinausgelacht» worden ist, geht er auf dem Trottoir weiter:

Wie Grunwald sagt, ähnelt der Mythus vom unschuldigen Kind
sehr dem Mythus vom edlen Wilden — Wilder vielleicht, aber nicht
zu edel. Sogar die moderne Tiefenpsychologie kam zu dem
Schluß, den schon Augustinus gezogen hat, daß die sogenannte Unschuld der Kinder eher auf die Schwachheit der Glieder als auf
die Reinheit des Herzens zurückzuführen sei. Darum ist es wahrscheinlich am besten, wenn wir den Kindern immer noch keine
richtigen Gewehre zum Spielen geben.

«Unter ihnen führten auch wir alle einst unsern Wandel in den Lüsten unseres Fleisches, indem wir dem Fleisch und den Neigungen den Willen taten und von Natur Kinder des Zornes waren wie auch die übrigen» (Eph. 2, 3). Grunwald meint abschließend, daß «die Ansicht von der sündenlosen Menschheit oberflächlich und illusorisch ist», und daß, «wir uns mit dem Kinderkult und seinem Ursprung, der eigentlich der Kult des Menschen ist, lächerlich gemacht haben; und dennoch spürt man, daß das Kind im menschlichen Fühlen einen besonderen Platz einnimmt [50].» In der Tat nimmt das Kind diesen besonderen Platz ein; denn es tritt ins Leben, weder mit dem Bewußtsein noch mit der Verantwortung für die Sündenfälligkeit der Menschenwelt, in die es dennoch geschleudert wird und fallen muß. Die Erbsünde wird somit oft als «ererbte Schuld» betrachtet. «Immer sind es die Kinder, die für die Sünden ihrer Väter und Mütter leiden müssen!», klagt Linus in einer Bildfolge. «Die Kinder sind immer die Opfer von Sünde und Schmach!», stimmt Charlie Brown in einer anderen Folge zu. «Denn ich, der Herr, dein Gott, bin ein eifersüchtiger Gott, der die Schuld der Väter heimsucht bis ins dritte und vierte Geschlecht an den Kindern derer, die mich hassen», widerhallt es im Alten Testament (Exod. 20, 5, Deut. 5, 9). Diese Art der «ursprünglichen Unschuld» der Kinder ist, wie Lucy sagt, «keine Lösung, aber wir fühlen uns alle wohler dabei». Die Unschuld der Peanutskinder ist jedoch nie eine Unschuld von oberflächlicher oder sündenfreier «Niedlichkeit»; es ist immer eine Unschuld mit einem biblischen oder metaphysischen Oberton, eine Unschuld, bei der man «unschuldig, aber nicht zu gut unterrichtet ist», wie Ch. Schulz von Linus sagte.

Es gibt natürlich viele Leute, die nicht an die Lehre von der Erbsünde glauben. Sie haben, wie Linus, das Gefühl, daß der Mensch tief im Innersten seines Herzens im Grunde trotz allem gut ist und daher die gesamte Welt ganz allgemein immer besser und besser wird. Das ist der halsstarrige Glaube des Menschen an sich selbst; es ist oft ein rührender und tapferer Glaube. Seine größte Schwäche besteht jedoch darin, daß er, obwohl er für uns ein großer Traum oder eine Hoffnung ist für das, was vielleicht einmal sein wird, dennoch nie einen Sinn ergibt für das, was wirklich *ist* — jetzt. Und Träume, die nur auf Träume gründen, und nicht auf der Wirklichkeit, sind ebenso verheerend für die Zukunft wie sie für die Gegenwart unbefriedigend sind.

«Nichts gibt es auf Erden», sagt Pascal, «das nicht das Elend des Menschen und zugleich das Erbarmen Gottes zeigt; sowohl die Ohnmacht des Menschen ohne Gott als auch die Macht des Menschen mit Gott[51].» Aber unabhängig davon, wie vollständig die Lehre von der Erbsünde für manche Beobachter verständlich ist, wird jene allgemeine Verstocktheit des Herzens nie wirklich überwunden oder verstanden werden durch einen Appell an die Einsicht des Menschen oder dadurch, daß er sie «einsehen» kann. Sie wird nur überwunden werden durch eine Wandlung im Herzen selbst.

Manch ein Weg dünkt den Menschen der rechte, zuletzt aber ist es ein Weg des Todes. Auch beim Lachen kann das Herz voll Gram sein, und die Freude kann enden in Leid. *Sprüche 14, 12—13*

Kinder, hütet euch vor den Götzen. *1. Johannes 5, 21*

Denn wenn es wirklich sogenannte Götter, sei es im Himmel oder auf Erden, gibt, wie es denn viele Götter und viele Herren gibt — so gibt es doch für uns nur *einen* Gott, den Vater, von dem alle Dinge sind und wir zu ihm, und *einen* Herrn, Jesus Christus, durch den alle Dinge sind und wir durch ihn. *1. Korinther 8, 5—6*

Ich habe nie gesagt, daß ich Miß Othmar anbete. Ich habe nur gesagt, daß ich den Boden liebe, auf dem sie geht! *Linus*

3. Der Sünde Sold

Calvin hat einmal gesagt, daß der menschliche Geist eine ständig arbeitende Götzenfabrik sei. Wie Luther sagte: «... allein das Trauen und Glauben des Herzens macht beide, Gott und Abgott ... Worauf du nun (sage ich) dein Herz hängest und verlässest, das ist eigentlich dein Gott [52].» «Denn wo dein Schatz ist» — wo der Mittelpunkt deines Daseins ist, was immer für dich im Leben am wichtigsten ist, das deinem Leben Sinn, Hoffnung, Ordnung und Richtung gibt — «da wird auch dein Herz sein» (Matth. 6, 21). Das bedeutet, daß jedermann irgendeine Art von «Gott» oder «Glauben» oder «Überzeugung» hat; es gibt keine «Atheisten» — ein Wort, das sich nirgends in der Bibel findet. Zu versuchen, ohne einen Gott zu leben, ohne irgendeine Art von letztem Belang im Leben, heißt soviel wie zu versuchen, Fußball ohne Tor zu spielen — es ist sinnlos. Ch. Schulz hat uns gesagt, daß die Decke von Linus «das Symbol für alle Dinge, an denen wir hängen», ist. Wie steht es nun mit

Linus' «deckenhassender Großmutter»? Nach Lucy «schwört sie darauf, daß Kinder Selbstverleugnung gelehrt werden sollten; sie schwört auf Disziplin; sie schwört auf einen lauteren Charakter». Nach Linus «schwört sie auf die Einmischung in die Angelegenheiten anderer!» Aber ist diese Großmutter unabhängig von «den Dingen, an denen wir hängen»? Nein! sagt Ch. Schulz: «Vor nicht allzulanger Zeit ließ ich Linus' deckenhassende Großmutter einen Besuch bei ihm zu Hause machen. Sie versuchte ihn so weit zu bringen, seine Neigung für die Decke aufzugeben; da machte er die Tatsache geltend, daß sie 32 Tassen Kaffee am Tag trinke! [53]» Schließlich haben wir alle — sogar junge Leute, irgend etwas, an dem wir hängen, irgendeine Freude, die größer ist als alle anderen, irgendeine «Ur-Sache», die uns veranlaßt, in der besonderen Art weiterzuleben, in der wir leben:

72

Im weiteren ist es nur möglich *einen* «Gott» aufs Mal zu haben, nur *einen* höchsten Wert — außer natürlich, wenn einer wirklich «zweifach» ist, eine richtige «dualistische Persönlichkeit». Nebenwerte kann es viele geben, aber «Niemand kann zwei Herren dienen; denn entweder wird er den einen hassen und den andern lieben, oder er wird dem einen anhangen und den andern verachten. Ihr könnt nicht Gott dienen und dem Mammon» (Matth. 6, 24):

«Ist der Mensch sich selber Gott, dann muß der Abgott ins Wesen treten [54].» So kommt es, daß die ererbte Sündhaftigkeit des Menschen sich gewöhnlich in irgendeiner mehr oder weniger genau umgrenzten Form von Abgötterei manifestiert, aufgespeichert wird und reift. Vom Standpunkt der Bibel aus gibt es nur zwei *Arten*

73

von Göttern, die der Mensch wählen kann: Den *richtigen* Gott und den *Pseudo*-Gott. Aber vom Pseudo-Gott gibt es unzählige Variationen, von der intellektuellen Sublimierung bis zum kindisch Lächerlichen — und umgekehrt. Alle Pseudo-Götter haben jedoch eines gemeinsam: einen von ihnen anzubeten tötet die Seele. Es ist dein Gott, du liebst ihn, du bist sein Sklave, und du wirst zu ihm halten bis zum bitteren Ende, durch Höllenglut und Wasserflut.

Doch dies bringt Unglück. Denn nach der biblischen Ansicht über den Götzendienst wird das Ende notwendigerweise bitter sein, und wird wirklich Höllengluten mit sich bringen, wie alle Pseudo-Götter sich unvermeidlich als die grausamsten aller Zuchtmeister erweisen. Das ist es, was Paulus mit «denn der Sünde Sold ist der Tod» (Röm. 6, 23) meinte. «Sünde» bedeutete für Paulus nicht mehr und nicht weniger als das, daß wir einen anderen als den Gott verehren, dem wir nur in und durch Jesus Christus begegnen können. Und mit «Tod» meinte Paulus nicht den *körperlichen* Tod, sondern er meinte eine Art geistigen Todes, einen Tod bei lebendigem Leib, ein Schicksal schlimmer als der Tod, einen Tod, den der Mensch tatsächlich nur als Hölle während seines Lebens erfahren kann, und folglich einen Tod, von dem der Mensch tatsächlich hier und jetzt «errettet» werden kann. Denn der Sünde Sold *ist* der Tod — hier und jetzt. Oder, um Paulus' bekannten Satz zu umschreiben, die Folge des Götzendienstes ist «ein grob zerschmetterter Glaube» (Linus); und «es gibt auf der ganzen Welt nichts Beunruhigenderes als den Zusammenbruch eines hochgehaltenen Glaubens» (Charlie Brown).

Alle Peanutskinder machen sich dieser Sünde schuldig, des Dienstes an einem falschen Gott; und alle erhalten unvermeidlich ihren Sold in dieser Form des gefühlsmäßigen Zusammenbruchs.

Dieses Thema kehrt so häufig in den Peanuts wieder, daß die Folge wirklich als eine Art «Garten der Rückschläge für das Kind» * betrachtet werden kann. Nehmen wir zum Beispiel Linus. Seine Decke (diese «tragbare Sicherheit», diese Quelle einer «geistigen Therapie», dieses «seelische Löschblatt», das «Angst und Enttäuschung aufsaugt»!) soll sicher dazu dienen, eine Unzahl seiner Sün-

---

* «child's garden of reverses», vgl. Anm. 23, A. d. Ü.

den für ihn zu bedecken, aber sie erweist sich unvermeidlich als Belastung, da sie sicher die größte und verwundbarste Achillesferse der Welt ist. Man wundert sich vielleicht, warum er weiterhin so viel für sie leidet; aber, wie er sagt, sie ist alles, was er hat: «Nur ein Stück Flanell steht zwischen mir und einem Nervenzusammenbruch!» Falls der Leser es bezweifeln sollte, daß ein solcher Götze tatsächlich den Unterschied zwischen *verloren* und *gerettet* ausmachen kann, dürfte die nachstehende Bildfolge jeden solchen Zweifel beseitigen:

*

Vielleicht wird Linus aus dieser Deckenperiode herauswachsen? «Was wirst du machen, wenn du zu alt bist, um sie herumzuschleifen?», fragt Charlie Brown. «Wer weiß?», antwortet Linus. «Ich habe ernsthaft daran gedacht, sie in einen Sportmantel umändern zu lassen!» Niemand kann sich von seinem *Gott* trennen, bis er *muß,* bis nichts mehr da ist, woran er sich klammern kann. Ein *Gott* ist laut Definition alles, was wir haben, «um uns über Wasser zu halten», wie Linus sagt. Charlie Brown wird durch seinen Wunsch zu gewinnen aufrecht gehalten, muß aber alles gewinnen, ob es sich nun um Freunde und Baseball-Spiele handelt oder um Kämpfe beim Drachensteigen zwischen ihm und seinem widerspenstigen Drachen. Von Schröder, der Beethoven vergöttert, weiß man, daß er tausend Tode gestorben ist, wenn er z. B. einmal den Geburtstag seines Helden vergaß. Sogar Lucy, die letzte der großen unfreundlichen Individualisten, die alles, vom Faschisten bis zum Miniaturluzifer, genannt wurde (sie *ist* manchmal ein kleiner Teufel), hat ein Heiligtum, vor dem sie steht oder fällt. Und ihr Fall ist nun — Schröder:

In der Tat ist diese Antwort nicht weit entfernt von *der* Antwort: «Hütet euch, daß ihr des Bundes nicht vergesset, den der Herr, euer Gott, mit euch geschlossen hat, und euch nicht ein Gottesbild machet in der Gestalt von irgend etwas, das der Herr, dein Gott, verboten hat. Denn der Herr, dein Gott, ist ein verzehrend Feuer, ein eifersüchtiger Gott» (5. Mose 4, 23—24). Mit anderen Worten, man soll keinem anderen Gott ver-«fallen». Denn nur, wenn wir *zuerst* das Königreich Gottes und *seine* Gerechtigkeit suchen, können all die Schröders unseres Lebens in unserem Dasein einen zufriedenstellenden Platz einnehmen.

Die Peanuts bringen es fertig zu zeigen, welche Gefahren es birgt, Gottheiten zu verehren, die uns noch viel vertrauter sind als Decke, Sieg, Beethoven oder Schröder. Da ist zum Beispiel der Glaube, den wir an uns selbst haben können oder an unsere eigenen Fähigkeiten — die wohlbekannte «Kraft des positiven Denkens»:

Wir haben gesehen, daß es Vertrauen in die eigenen Fähigkeiten ist, worauf das Neue Testament abzielt, wenn es von «Gesetz» oder «Werken» spricht. Deshalb kann der Mensch, was das Neue Testament anbelangt, weder durch Gesetz noch Satzungen oder sogar durch «etwas strengere Arbeit» die Verstocktheit des Herzens oder die «Scheidewand des Zaunes, die Feindschaft» durchbrechen, die von Mensch zu Mensch besteht. Die Antwort auf dieses Problem kann nur in Christus gefunden werden, wie Paulus es folgendermaßen ausgedrückt hat:

Denn er (Christus) ist unser Friede, der beide Teile zu einem Ganzen gemacht und die Scheidewand des Zaunes, die Feindschaft, abgebrochen hat in seinem Fleisch, indem er das Gesetz der in Satzungen bestehenden Gebote abgetan hat, um die zwei in ihm selbst zu *einem* neuen Menschen zu schaffen, dadurch, daß er Frieden stiftete (Eph. 2, 14—15).

In der nachstehenden Bildfolge wird das Problem der «Scheidewand der Feindschaft» in einer Art ausgedrückt, die ebenfalls die oben gegebene Antwort aufdrängt:

Aber wenn man sich nicht selbst retten kann, indem man an seine eigenen Fähigkeiten glaubt, oder indem man etwas strenger arbeitet, so kann man vielleicht bei *Freunden* Hilfe finden. Denn schließlich, wozu sind Freunde denn da, als uns zu helfen, gerade dieses besondere kleine bißchen Kraft zu finden, das wir nötig haben, und das aus dem Wissen entsteht, daß wir nicht allein sind?

Armer Charlie Brown. Der Psalmist muß sicher ihn im Sinn gehabt haben, als er schrieb: «Die Schmach bricht mir das Herz, unheilbar ist meine Schande und mein Schimpf, ich harrte auf einen, der mitleidig wäre, aber da war keiner, und auf Tröster, doch ich fand sie nicht» (Ps. 69, 21). In der Tat hätte der Psalmist Charlie Brown im Sinn haben *können*. Denn Charlie Brown mit seinem kugelförmigen Kopf (Lucy hat ihn mehrere Male als Kugel benützt) und mit seinem Zick-Zack-Leibchen kann als eine Art Repräsentant von Jedermann im zwanzigsten Jahrhundert angesehen werden. Wir lieben ihn, wie man eben einen Leidensgenossen liebt; denn meistens ist er so elend wie die meisten Menschen sind. «Ein Reporter hat einmal geschrieben, daß eine meiner Figuren, Charlie Brown, einige Schwierigkeiten aus meiner Kindheit widerspiegelt», berichtet dazu Ch. Schulz. «Das mag richtig sein, aber er ist auch das Spiegelbild der Sorgen von Millionen anderen, zumindest nehme ich das an, nach dem, was mir die Leute schreiben [55].» Charlie sucht Hoffnung in eben der Art menschlicher Liebe, die wir alle kennen, und aus diesem Grund hat seine Hoffnungslosigkeit immer den Hauch des Unendlichen an sich. Denn «in der Liebe gibt es für den Menschen keinen Sieg: es gibt nur ein paar unbedeutende taktische Erfolge vor der endgültigen Niederlage, die man durch den Tod oder durch Gleichgültigkeit erleidet», wie Graham Greene in seinem Roman *Das Herz aller Dinge* * schrieb (dieses Buch ist übrigens eines der Bücher, die Schulz als wichtig für die Formung seiner «beruflichen Haltung und Lebensphilosophie» angibt [56]).

* Siehe Anm. 88 (op. cit. S. 268) A. d. Ü.

Aber der Psalmist nahm die Antwort sowohl als auch das Problem vorweg:

Es ist besser, auf den Herrn zu vertrauen, als sich auf Menschen zu verlassen. Es ist besser, auf den Herrn zu vertrauen, als sich auf Fürsten zu verlassen (Ps. 118, 8–9).

Tatsächlich scheinen die Peanuts als illustrierte Chronik die ganze Skala der zeitgenössischen Häresien zu umfassen. So wird zum Beispiel der moderne Weg zur Erlösung mit Hilfe der «psychiatrischen Beratung» («5.— Der Doktor ist *anwesend*») oft bespöttelt. «Ich habe dir viel geholfen! Ich habe dir alle deine Fehler aufgezeigt! Ich habe dir bewiesen, daß die Psychiatrie eine exakte Wissenschaft ist!» erklärt Dr. Lucy Charlie Brown. «Eine *exakte Wissenschaft!?*», ruft er ungläubig aus. «Ja, du schuldest mir exakt einhundertunddreiundvierzig Dollar!» Dr. Lucy ist auch eine große Verfechterin einer Haltung, die der modernen Existenzphilosophie verdächtig ähnlich ist. Sie scheint sowohl mit der Terminologie als auch mit dem Zirkelschluß vertraut zu sein:

Linus hat seine eigene «Sonderphilosophie», die dennoch irgendwie welterfahren wirkt. Sie lautet: «Kein Problem ist so groß oder so kompliziert, als daß man nicht davor davonlaufen könnte!» Charlie Brown jedoch hat Mühe, einige ihrer Feinheiten zu verstehen:

Eine Abwandlung dieses «Weglauf»-Kultes ist der Versuch des modernen Menschen, sich in eine leidenschafts- und risikolose Objektivität von Wissenschaft oder Gelehrtheit zu verlieren. In diesem Fall ist das Leben keine heiße oder auch nur kalte *Erfahrung,* sondern ausschließlich ein «interessantes» lauwarmes *Experiment,* das es voll und ganz verdient, aus dem Munde Gottes ausgespien zu werden (Off. 3, 16). So sagte Kierkegaard:

Es ist qualvoll für die Seele, die abgestumpfte Unverbesserlichkeit zu beobachten, mit der ein Mensch Zuflucht zu dem nehmen kann, wo immer er denkt, daß irgendeine Wahrheit zu finden sei, allein zu dem Zweck, sie auslegen zu lernen, damit seine Spieldose dieses Stück ihrem Repertoire hinzufügen könne; aber deswegen irgend etwas zu unternehmen, das fällt ihm nicht im Traume ein [57].

Schulz sagt dasselbe auf folgende Art:

Die religiöse Häresie scheint in den Peanuts durch den «Großen Kürbis» vertreten zu sein, Linus' Ersatz für den Weihnachtsmann. Linus glaubt («mit jeder Faser seines Herzens»), daß jedes Jahr am 31. Oktober (Halloween) nachts der ‚Große Kürbis' aus dem Kürbisfeld aufsteigt und allen braven Kindern auf der Welt Spielsachen bringt. «Du bist verrückt!», sagt Charlie Brown zu ihm. «Na gut», antwortet Linus, «du glaubst an den Weihnachtsmann und ich glaube an den ‚Großen Kürbis'. Wie ich es sehe, ist es egal, was man glaubt, solange man nur wahrhaftig glaubt!» Außerdem erscheint der ‚Große Kürbis' nur in einem «wahrhaftigen Kürbisfeld». Immer und immer wieder scheint Ch. Schulz zu sagen, daß *Wahrhaftigkeit* ebensowenig eine Garantie für Wahrheit wie für Erfolg ist. «Wie können wir verlieren, wo wir doch wahrhaftig so bei der Sache sind?», klagt Charlie Brown, nachdem seine Mannschaft wieder ein Baseballspiel verloren hat — diesmal «hundertachtundvierzig zu null!» Wieder scheint Schulz mit Kierkegaard übereinzustimmen, der sagte: «Niemals ist das Böse, das Mittelmäßige gefährlicher, als wenn es sich ausschmückt als ‚Wahrhaftigkeit' [58].» Der ‚Große Kürbis' mag ein Symbol für eine verbreitete religiöse Haltung sein, die gegenwärtig mehr «Glaube an den Glauben» oder mehr Glaube an «Wahrhaftigkeit» zu haben scheint, als Glaube an irgend etwas Bestimmtes [59]. Auf alle Fälle ist der Kult vom ‚Großen Kürbis' sicher «religiös», wie dies auch auf seine Rivalin, die «Weihnachtsmannsekte», zutrifft. Befragt, ob er glaube, daß es wirklich einen Weihnachtsmann *gibt,* antwortet Charlie Brown: «Ich lehne es ab, mich auf eine theologische Diskussion einzulassen.» Linus gibt zu, daß er «das Opfer einer falschen Lehre» war, nachdem der ‚Große Kürbis' zum x-ten Male nacheinander nicht aufgetaucht ist. Da schreibt Linus ein Buch über seine «Erfahrungen mit dem ‚Großen Kürbis'». «Ich nenne es», sagt er von seinem Buch, «Mein Glaube wurde grob zerschmettert.» Später, nach einem Streit mit Linus über die Verdienste des ‚Großen Kürbis' im Vergleich mit denen des Weihnachtsmanns, folgert Charlie: «Uns trennen eindeutig konfessionelle Verschiedenheiten.» Diese Verschiedenheiten sind interessant. Denn während der ‚Große Kürbis' in der Tat eine «falsche Lehre» zu vertreten scheint, scheinen die Ideen um den Weihnachtsmann «dogmatisch» richtig zu sein.

Zum Beispiel ist Linus' Haltung dem Weihnachtsmann gegenüber gleich der Haltung vieler Christen Gott gegenüber: Sie finden, wenn sie Gottes «Gesetzen» gehorchen, *schuldet* er ihnen etwas. Das wiederum bedeutet, daß das Geschenk Gottes kein Geschenk, daß «die Gnade keine Gnade», sondern der *Lohn* für des Menschen eigene Gerechtigkeit ist — und daher ein Anlaß zu der unvermeidlichen menschlichen Überheblichkeit:

Diese Diskussionen um den Weihnachtsmann nehmen oft theologische Ausmaße an. Wenn wir zum Beispiel in der nachstehenden Folge für den «Weihnachtsmann» «Gott» lesen, dann nimmt Shermys Beweisführung die Form eines bekannten Beweises für die vollständige moralische Freiheit an:

Shermy hat *recht,* wenn er sagt, daß die Liebe Gottes am *Ende* über den Menschen triumphiert, «egal *wie* sich der Mensch aufführt»; er hat insofern unrecht, als es keinen Weg gibt, dies mit Bestimmtheit zu wissen, außer dem Glauben an — und daher Gehorsam gegenüber Gott — *hier und jetzt.* Shermy «rechnet nur mit der Güte»; und, wie Linus einmal bemerkte, ist «‚das Rechnen mit der Güte' theologisch gesehen nicht einwandfrei». Der ungehorsame Mensch ist töricht, «den Reichtum seiner (Gottes) Gütigkeit und Geduld und Langmut zu verachten» (Röm. 2, 4). Denn in der Zwischenzeit *ist* der Sünde Sold der Tod, die Hölle — *hier und jetzt.* Deshalb:

Wehe euch, ihr Schriftgelehrten und Pharisäer, ihr Heuchler... So erreicht auch ihr auswendig den Menschen als gerecht, inwendig aber seid ihr voll von Heuchelei und Gesetzesverachtung... Ihr Schlangen! Ihr Natterngezücht! Wie wollt ihr dem Gericht der Hölle entrinnen?... Jerusalem, Jerusalem, das die Propheten tötet... Wie oft habe ich deine Kinder sammeln wollen, wie eine Henne ihre Küchlein unter ihre Flügel sammelt, und ihr habt nicht gewollt! (Math. 23, 27-28, 33, 37).

*

Es ist wichtig, deutlich zu machen, daß die schreckliche «Krankheit zum Tode» oder «Hölle», als unvermeidliche Begleiterscheinung der Sünde, nicht immer mit dem Auftreten wartet, bis eine bestimmte Gottheit stürzt. Oft steigt diese unergründliche Furcht in unser Bewußtsein als eine Art namenloser Angst oder Furcht vor dem «Nichts» — oder Furcht vor *allem*. Und da es keinen Weg gibt, ein solches undefinierbares und irrationales Grauen zu behandeln, ist dieses namenlose Weh meistens viel schrecklicher als die Angst, die den Sturz eines bestimmten «fremden Gottes» begleitet. Eine solche Angst ist unergründlich und undefinierbar, gerade weil die Grundfesten unseres Lebens, die Grundlage, auf der bisher *alle Dinge* erklärt und behandelt wurden, diese *Basis selbst* eingestürzt und durchaus fragwürdig geworden ist und keinen ersichtlichen Sinn mehr hat. Von Geburt an voll von Sünden, kommen wir in diese Welt als «leere Menschen»; und wenn die Verstocktheit des Menschenherzens zuletzt von Gott erschüttert wird, bleibt dem Menschen *nichts* mehr übrig. So kommt es, daß es für einen Menschen, der diese schreckliche Erfahrung macht und keine Ahnung hat, was mit ihm geschieht, kein größeres Leiden gibt. Aber, um die Frage zu gebrauchen, die Linus stellte, als er gegen einen Baum rannte, weil seine Sicht von seiner Decke verdunkelt war: «Gibt's da keinen Ausweg?» Gibt es keinen Ausweg, keine Ausrede, kein Entkommen aus dieser Angst? Ist es nicht möglich, sich vor dem schrecklichen Zorn Gottes zu verbergen? Nur ein zeitweiliges Entkommen ist möglich — ein Entkommen, bei dem die Angst in die Tiefen des Unterbewußtseins verdrängt wird. Aber auch dieses Entkommen bringt nur wenig Hilfe, denn eine Krankheit, von der man nichts weiß, ist eine größere Gefahr, als eine, deren wir uns bewußt sind; außerdem bleiben wir, ob bewußt oder unbewußt, dennoch — ohne das Erbarmen Gottes — «Gefäße des Zorns» (Röm. 9, 22).

Aber Unheil wird über dich kommen — du weißt es nicht zu bannen; Verderben wird dich überfallen — du kannst es nicht wenden. Verwüstung wird über dich kommen, urplötzlich, ehe du's ahnst (Jes. 47, 11).

Sogar der undurchdringliche «Schweinigel», mit dem «Dreck ungezählter Jahre» zentimeterdick bekleistert, ist nicht in der Lage, diesen beängstigenden Überfällen aus dem Innern zu entkommen:

Vor einiger Zeit wurden in einem Hauptartikel in der *Time* über «Schuld und Angst» die Fachausdrücke für einige unserer Sonderängste angeführt, mit der Erklärung, daß diese Ängste nur «neurotische Symptome» seien, die zur Abwehr gegen eine tiefere, viel grundlegendere Angst dienten. «Der Mensch freut sich jetzt», sagt die *Time,* «daß er bis zu einem gewissen Grad von der Angst vor dem Höllenfeuer befreit wurde und bemerkt nicht, daß er stattdessen zu einer Furcht vor dem Nichts verdammt wurde [60].» Diese Ansicht stimmt, wie dies auch in dem Artikel erwähnt wurde, durchaus mit den Sätzen eines Großteils der modernen Theologie überein. Und es gibt andere, die dem wahrscheinlich zustimmen. So ergab sich z. B. zwei Monate nach Erscheinen dieses Artikels in den Peanuts folgende Unterhaltung, wobei der gleiche Fachjargon verwendet und — in der ihnen eigenen Art — der gleiche Erfolg verbucht wurde, wie wir sehen können:

Charlie Brown, der sich zu den «wandelnden Verwundeten» zählt und oft «von *allem* genug und übergenug hat», kennt sicher diesen Weltschmerz, diesen «Weltüberdruß», vor dem es kein Entrinnen gibt: «Kann sich einer so heimlich verbergen, daß ich ihn nicht sehe? Erfülle ich nicht den Himmel und die Erde? spricht der Herr» (Jer. 23, 24).

In der Tat scheint niemand vom «Kleinen Volk» diesen unbekannten Schrecken zu entgehen. Sogar die jüngste von ihnen, Sally Brown, gesteht Dr. Lucy: «Das Problem bei mir ist, daß ich Angst vorm Kindergarten habe. Ich weiß nicht einmal warum! Ich habe einfach Angst!» Darauf erklärt ihr Dr. Lucy: «Du unterscheidest dich in keiner Weise von anderen Leuten. 5.— bitte!» Und wie steht es mit der eisenharten Dr. Lucy? «Ich denke nie über Vergangenes nach», erzählt sie Charlie Brown. «Ich zerbreche mir auch nie den Kopf über die Zukunft.» «Wie steht's mit der Gegenwart?» fragt er sie. *«Die Gegenwart macht mich verrückt!»*, schreit sie.

Dieses «ewige Jetzt» ist der gegenwärtige Augenblick, in dem die Zeit stillzustehen scheint, während man vor Schreck erstarrt ist — und so kann die Hölle eine Ewigkeit dauern und *tut* es auch. «Wie werden sie zum Entsetzen im Nu, werden hingerafft, nehmen ein Ende mit Schrecken» (Ps. 73, 19). T. S. Eliot hat in seinem Gedicht «Die leeren Menschen» in den folgenden Zeilen die Unendlichkeit der Finsternis zum Ausdruck gebracht, die in solchen Augenblicken des Zweifels und der Verwirrung auftaucht: «Zwischen der Idee / und der Wirklichkeit / zwischen der Regung / und der Tat / fällt der Schatten ... Zwischen dem Erdenken / und dem Erschaffen / zwischen der Erregung / und der Antwort / fällt der Schatten / *Dies Leben ist so lang ... So endet sie, diese Welt / nicht mit einem Schlag, nein, mit Wimmern* [61].» «Nichts im Leben endet mit *Peng!*» [62], hat Schulz gesagt, im Nachhall der berühmten letzten Zeilen von Eliots Gedicht. In der nachstehenden Bildfolge hat Schulz vielleicht auch «Die leeren Menschen» im Sinn gehabt:

Was meint Eliot, wenn er sagt: «Dies Leben ist so lang»? Wahrscheinlich dasselbe wie Charlie Brown, als Shermy bemerkt, daß «der Winter kommt. Die Tage werden kürzer». «Das ist gut», erklärt ihm Charlie Brown. «So wie sich meine Tage in der letzten Zeit gestaltet haben, ist es besser, wenn sie nicht zu lange dauern!» Eines Tages bricht Lucy aus unerfindlichen Gründen plötzlich in Tränen aus. «*Was ist los, Lucy?* Kann ich dir helfen?», fragt Violet, die Lucy zu Hilfe eilt. «Nein danke, Violet (‚schluchz‘). Du kannst da gar nichts machen», sagt Lucy. «Meine Probleme haben tiefe Wurzeln!» Bei einer anderen Gelegenheit erzählt Charlie Brown Violet: «Oh, ich fühle mich so leicht niedergeschlagen. Ich weiß nicht, was mit mir los ist. Ich weiß es einfach nicht», sagt er, indem er nach einem dünnen Bäumchen als Stütze angelt, «manchmal denke ich, meine Seele sei voller Unkraut!» Anton Boisen, ein bekannter Religions-Psychologe deutete auf eben dieses tiefverwurzelte Unkraut hin, als er schrieb:

«Ich glaube, der Mensch ist von Geburt an menschlicher Schwachheit und Verderbtheit unterworfen. Erzieher mögen viel lernen, wenn sie die Auswirkungen von Fehlern in der früheren Erziehung beachten, aber es ist ein ernstzunehmender Irrtum, allen Tadel für spätere Fehlentwicklungen den Eltern aufzubürden. Selbst in den besten Familien und mit der bestmöglichen Erziehung ist es wahrscheinlich, daß abwegige Begierden aus unseren animalischen Ursprüngen auftauchen und sich bemerkbar machen. Der Garten unseres Herzens wird selbst bei der besten Pflege von Unkraut heimgesucht [63].»

Die Peanuts, dieser «Garten der Rückschläge für das Kind», scheint von Zeit zu Zeit auch ein ungejäteter Garten zu sein, der vom Unkraut überwuchert wird. Hier scheint das «Unkraut des Herzens» oft durch sichtbares Unkraut vertreten zu sein, ein Unkraut, das trotz allem das Peanuts-Feld bedroht. Es ist eine Bedrohung, da man sich so leicht in ihm «verlieren» kann — wie dies mit dem Unkraut in Jesu «Gleichnis vom Sämann» und «Gleichnis vom Unkraut unter dem Weizen» der Fall war (Matth. 13). Linus zum Beispiel versucht sich immer wieder einzureden, daß es ihm nichts ausmacht, als Rechtaußen im Unkraut zu spielen. «Mich beunruhigt nur, daß ich nicht weiß, ob ich in die richtige Richtung schaue!», sagt er. In dieser Hinsicht hat Snoopy eine sehr sonderbare Krankheit, die Charlie Brown «Unkraut-Klaustrophobie» nennt. Diese Angst befähigt Snoopy, etwas Merkwürdiges zu tun, ähnlich der Fähigkeit des Apostels Petrus, auf dem Wasser zu wandeln, solange er seine Augen auf den Herrn geheftet hielt und nicht in die vom Sturm aufgewühlten Wellen blickte (Matth. 14, 25—31). Denn ob nun Snoopy ein kosmischer Fänger im Weizen * oder ein komischer Seitenspieler im Unkraut ist, er ist im wahrsten Sinne des Wortes ent-setzt über das Unkraut:

* The Catcher in the Rye (Der Fänger im Roggen), Buchtitel von J. D. Salinger (Kiepenheuer & Witsch, Köln, 1964).

«Was ist der Unterschied zwischen ‚Klaustrophobie' und ‚Unkraut-Klaustrophobie'?», fragt Lucy Charlie Brown, nachdem sie Snoopys Entsetzen über das Unkraut gesehen hat. «Gewöhnliche Klaustrophobie ist *nichts* im Vergleich zur ‚Unkraut-Klaustrophobie'», erklärt er. Sogar die schlimmsten Leiden, die der «natürliche Mensch» ertragen kann, sind wie ein «Scherz», wie Kierkegaard es nennt, verglichen mit der schrecklichen «Krankheit zum Tode» [64]. «So läßt vom Unkraut Honig sich gewinnen und selbst der Teufel wird uns Sittenlehrer» [65], wie Shakespeare es ausdrückte; auch Schulz scheint dieser Ansicht nicht abgeneigt zu sein.

Einen solchen sehe ich an, der demütig ist und zerschlagenen Geistes und erzittert vor meinem Worte.   *Jesaja 66, 2*

Selig sind die geistlich Armen; denn ihrer ist das Reich der Himmel. Selig sind die Trauernden; denn sie werden getröstet werden.   *Matthäus 5, 3—4*

Und habt den Zuspruch vergessen, der zu euch wie zu Söhnen redet: «Mein Sohn, achte die Züchtigung des Herrn nicht gering und verzage nicht, wenn du von ihm bestraft wirst; denn wen der Herr liebhat, den züchtigt er, er geißelt aber jeden Sohn, den er annimmt.» Wenn ihr Züchtigung erduldet, begegnet euch Gott wie Söhnen; denn wo ist ein Sohn, den der Vater nicht züchtigt? Seid ihr aber ohne Züchtigung, deren alle teilhaft geworden sind, so seid ihr ja unechte Kinder und nicht Söhne ... Jede Züchtigung aber scheint zwar für die Gegenwart nicht zur Freude zu dienen, sondern zur Traurigkeit; nachher aber verleiht sie denen, die durch sie geübt sind, eine friedvolle Frucht der Gerechtigkeit.   *Hebräer 12, 5—8. 11*

Aber erst das Unglück macht einen reif. Die wachsende Seele wird am besten mit Tränen der Traurigkeit begossen.   *Charlie Brown*

4. Vom Segen des Leids

«Segen des Leids» mag als ein Widerspruch in sich selbst erscheinen. Tatsächlich gibt es jedoch zwei Arten von Leid — ein Leid, das hilft weiterzukommen, und ein Leid, das in Verzweiflung stürzt, also eine gute und eine nicht so gute Betrübnis: «Denn die Betrübnis, wie sie Gott will, wirkt eine Buße zum Heil, die man nicht bereuen muß; die Betrübnis der Welt aber bewirkt den Tod» (2. Kor. 7, 10). Folglich können die englischsprechenden Christen den Tag, an dem Christus gekreuzigt wurde *«Guten* Freitag» («Good Friday») nennen. Denn wie das Kreuz der Schatten war, den Christus durchschreiten mußte, um den Tod zu überwinden, so ist das Leiden der notwendige Weg für alle Menschen, die «in einem neuen Leben wandeln» möchten. «Der Weg Christi» ist der «Weg des Kreuzes», seines Kreuzes *und* unseres Kreuzes:

Indem wir das erkennen, daß unser alter Mensch mitgekreuzigt worden ist, damit der Leib der Sünde kraftlos gemacht werde, auf daß wir nicht mehr der Sünde dienen. Denn wer gestorben ist, der ist von der Herrschaft der Sünde losgesprochen. Sind wir aber mit Christus gestorben, so vertrauen wir darauf, daß wir auch mit ihm leben werden (Röm. 6, 6–8).

Daher *muß* der «alte Mensch» gekreuzigt werden. Wenn «wir von neuem geboren werden müssen», muß zuerst der alte Mensch sterben. Wenn wir «Knechte Jesu Christi» (Röm. 1, 1) werden sollen, müssen wir zuerst «losgerissen werden» von allen alten Göttern, an die wir uns ursprünglich klammerten. Ch. Schulz scheint auf eine solche Erfahrung in seinem eigenen Leben hinzuweisen, wenn er sagt:

Ich war das einzige Kind. In der Woche, in der ich abkommandiert wurde, starb meine Mutter. Das war ein schwerer Schlag für unsere kleine Familie. Ich wurde der 20. Panzerdivision zugeteilt und wurde schließlich Infanteriezugführer ... Wir nahmen an der Befreiung von Dachau und München teil ... Bevor ich zur Armee ging, traf ich einen Geistlichen der Church of God ... Er trat eines Tages in den Friseurladen meines Vaters in St. Paul, Minnesota ... Nicht lange darnach wandten wir uns mit der Bitte an ihn, die Grabrede für meine Mutter zu halten. Nachdem ich aus dem Militär zurückgekommen war, begann ich den Gottesdiensten in der kleinen Kirche beizuwohnen. Es gab eine aktive Gruppe von jungen Leuten — wir waren alle etwa zwanzig Jahre alt —, die begann gemeinsam die Bibel zu lesen. Je mehr ich während dieser Studienzeit über mein Verhältnis zu Gott nachdachte, desto mehr erkannte ich, daß ich Gott wirklich liebte. Ich erkannte die Tatsache, daß er mir durch eine tiefe Niedergeschlagenheit geholfen hatte, die mich von allem, was ich kannte, getrennt hatte, und daß er mich befähigt hatte, so viele Erfahrungen durchzustehen [66].

In gewissem Sinne ist es «eine harte Rede» oder *schlechte* Botschaft zu sagen, daß jedermann «eine tiefe Niedergeschlagenheit» durchstehen *muß*, um zu neuem und unendlich befriedigendem Leben zu gelangen. Dies ist der Grund, warum das Evangelium oder die «Frohe Botschaft» niemals *frohe* Botschaft ist, außer für jene, die bereits «sanftmütig und demütig», oder «demütig und zerschlagenen Geistes» sind; darum wendet sich das Evangelium immer an jene, die «Ohren haben zu hören» — an jene, die «mühselig und beladen sind»: «Kommet her zu mir alle, die ihr mühselig und beladen seid, so will ich euch Ruhe geben» (Matth. 11, 28). Aber zu sagen, daß das Leben seine «Tiefpunkte» haben *muß,* besonders einen so *vollkommenen* «Tiefpunkt» als Vorbedingung, um einen vollkommenen «Höhepunkt» zu erreichen, ist eine wahre Beleidigung für alle jene, die niemals *so* entmutigt wurden — noch es jemals zu sein wünschen. Das Problem, das Lucy im folgenden aufwirft ist das sogenannte «Problem des Bösen», das Problem, die Gerechtigkeit eines allerhöchsten Gottes zu rechtfertigen und dabei die Existenz des Leidens anzuerkennen. Warum müssen wir Züchtigungen erdulden, damit wir lernen? Warum müssen wir durch die Hölle dieser Erde gehen, um in den Himmel zu gelangen? Warum muß es da «Tiefpunkte» geben im Wechsel mit den «Höhepunkten»? Dies sind ernsthafte Fragen, die viele Menschen — von Hiob bis Camus — veranlaßt haben, sich leidenschaftlich gegen das Wesen der Wirklichkeit aufzulehnen.

Lucy, bekannt dafür, «durchs Leben mit der kleinstmöglichen Anstrengung ihrerseits» gehen zu wollen, in einer Art «geistigem Düsenstrahl», löckt wiederum wider den Stachel der Wirklichkeit, indem sie ausruft: «Ich erwarte, daß diese Welt ideal sein wird, wenn ich achtzehn bin. Warum sollte ich in einer Welt leben müssen, die jemand anderes durcheinandergebracht hat?! *Ich gebe ihnen zwölf Jahre, alles in Ordnung zu bringen!*» «Und wenn sie länger brauchen, was dann?», fragt Charlie Brown. «Sag ihnen, sie brauchen nicht um Verlängerung zu kabeln! Die Antwort wäre ,Nein'!» Diesseits von Eden hat die Kirche keine endgültige Antwort auf «das Problem des Bösen». Paulus selbst wandte sich dieser Frage zu, als er sagte:

Du wirst mir nun sagen: Warum erhebt er (dann) noch Vorwürfe? Denn wer kann seinem Willen widerstehen? O Mensch, jawohl, wer bist du, daß du mit Gott rechten willst? Wird etwa das Gebilde zum Bildner sagen: Warum hast du mich so gemacht? (Röm. 9, 19—20).

«Wo warst du, als ich die Erde gründete? ... Wer hat ihre Maße bestimmt — du weißt's ja!», erkundigt sich der Herr eher sarkastisch bei Hiob (Hiob 38, 4—5) und gibt Paulus ein gutes Beispiel. Aber Paulus mag versucht haben, diese eher derben «das-geht-dich-nichts-an»-Antworten abzuschwächen, wenn er sagte: «Denn ich halte dafür, daß die Leiden der jetzigen Zeit nichts bedeuten im Vergleich zu der Herrlichkeit, die an uns geoffenbart werden soll» (Röm. 8, 18). Nichtsdestoweniger begleiten uns die Leiden und Übel der jetzigen Zeit, und Christen sollten nie versuchen, sie zu «erklären», indem sie vorgeben, sie existierten nicht oder indem sie sie nicht ernst nehmen. Schließlich aber muß die Kirche auf das wunderbare Geheimnis hinweisen und mit Paulus sagen, daß, so tief auch das Elend der Menschen *ist,* es doch niemals verglichen werden kann mit dem endgültigen Siegeszug der Liebe Gottes — «der will, daß alle Menschen gerettet werden und zur Erkenntnis der Wahrheit kommen» (1. Tim. 2, 4), einer Liebe, die sich in Jesus Christus offenbarte, der sogar noch am Kreuz sagen konnte «Vater, vergib ihnen; denn sie wissen nicht, was sie tun!» (Luk. 23, 34).

Aber der Christ ist nicht nur ein Mensch, der überzeugt ist, daß das Erbarmen und die Liebe Gottes *am Ende* für alle Menschen siegen wird; als Mensch, der sich jetzt der «Erstlingsgabe des Geistes»

(Röm. 8, 23) erfreut, kann er sich «auch rühmen der Trübsale» (Röm. 5, 3). Denn der Christ hat gelernt zu trinken aus dem Kelch der unumstößlichen Tatsache, daß Gott «den Elenden erlöst durch sein Elend und öffnet ihm das Ohr durch Drangsal» (Hiob 36, 15). Diese etwas strengen Lehrmittel sind notwendig, da die Menschen ihr Leben ursprünglich «für selbstverständlich» erachten, als etwas *Gegebenes*. Nur wenn alles, was die Menschen kennen, irgendeinmal *wesentlich* bedroht ist und ihnen erst dann *ver-geben* wird, können sie überhaupt das Geschenk des Lebens wirklich bis ins letzte würdigen. So ähnelt die Pädagogik Gottes der folgenden Szene, in der Snoopy auf seiner Hundehütte erwacht, um die Antwort auf die Frage «Warum muß es schneien?» zu lernen:

«Siehe, dies alles tut Gott zweimal und dreimal mit den Menschen: er holt seine Seele zurück aus der Grube, daß er sich freue am Lichte des Lebens» (Hiob 33, 29—30). Aber Hiob hat diese Lektion nicht leicht gelernt, wie auch Snoopys «Erwachen» ziemlich unsanft war. («Das Leben ist erfüllt mit unsanftem Erwachen», bemerkte Snoopy einmal.) Aber schließlich, nach ganzen Kapiteln, in denen er «seine Pfade verteidigt» und sich sogar auflehnt, wird Hiob zu der Einstellung bekehrt, wahrlich, «die Furcht des Herrn, das ist Weisheit» (Hiob 28, 28). Diese Art göttlicher Unterweisung kann bei «Weihnachts-Aufführungen» durch einen *heiligen* Terror bewerkstelligt werden:

Und alle Welt *wird* geschätzt — besonders aber Linus. Deshalb würde wahrscheinlich Linus nicht nur die Heimsuchungen des Hiob richtig würdigen, sondern auch tiefes Mitgefühl für den Psalmisten empfinden, der schrieb: «Ehe ich gebeugt ward, irrte ich; nun aber halte ich dein Wort» (Ps. 119, 67). Denn «schrecklich ist es, in die Hände des lebendigen Gottes zu fallen» (Hebr. 10, 31). Aber durch diese unendlich schrecklichere Furcht *Gottes* gewinnen die Christen nicht nur sich selbst dazu, daß sie das Wort Gottes halten, sondern «weil wir nun die Furcht des Herrn kennen, suchen wir Menschen zu gewinnen» (2. Kor. 5, 11). Daher gilt dasselbe Gebot, das an Paulus erging, für alle Christen: «Denn ein Zwang liegt auf mir; denn wehe mir, wenn ich das Evangelium nicht predige!» (1. Kor. 9, 16). Nur wenn man den von diesem größeren Weh auferlegten Zwang anerkennt, werden die bloßen Ängste vor unserer Rolle in einer weltweiten ‚Weihnachtsaufführung' aufhören unser Nervensystem zu belasten. Denn die Furcht des Herrn (hier Lucys Faust) läßt alle anderen Ängste in der Tat unbedeutend erscheinen. Kierkegaard hat das folgendermaßen ausgedrückt: «Auf diese Weise bekommt ein Mensch immer Mut; wenn man eine größere Gefahr fürchtet, ist es, als wären die andern gar nicht da [67].»

Die Kirche ist das große Fundbüro dieser Welt. Sie setzt voraus, daß alle Menschen ursprünglich verloren sind und sich hartnäckig in der falschen Richtung bewegen, daß ihnen dies jedoch nicht bewußt ist; sie setzt weiter voraus, daß alles, was ihnen nicht bewußt ist, sie nicht nur verletzen könnte, sondern dies auch *tut*. Daher glaubt die Kirche auch, daß die Menschen, bevor sie wiedergefunden werden können, zuerst persönlich eine *tiefe* Erkenntnis gewinnen müssen, daß sie zutiefst verloren sind. Denn nur so können sie die Richtung ändern, einen unendlich befriedigenderen Weg finden und so zu der persönlich *erhebenden* Erkenntnis gelangen, diesen Weg gefunden zu haben — oder durch diesen Weg gefunden worden zu sein. Deshalb konnte Christus sagen: «. . . wem aber wenig vergeben wird, der liebt wenig» (Luk. 7, 47). Darum herrscht auch im Neuen Testament mehr Freude darüber, ein *verirrtes* Schaf gefunden zu haben, «als über die 99, die nicht verirrt waren» (Matth. 18, 13). Auch die Freude über die Rückkehr des *verlorenen* Sohnes, der «in sich ging», indem er erkannte, wie verloren er war, war größer als die über den Sohn, der von Anfang an nicht von zu Hause wegging (Luk. 15, 11–32). Und wie ein Mensch zuerst verloren sein muß, bevor er wiedergefunden werden kann, muß er auch suchen, bevor er finden kann. Denn wenn das, was uns am wertvollsten ist — gerade unser Leben zum Beispiel —, verloren ist, *hoffnungslos* und *unwiederbringlich* verloren und *dann* irgendwie wiedergefunden wird, werden wir es noch dankbarer anerkennen, daß es wiedergefunden worden ist. Wenn es sich herausstellt, daß das Verlorene praktisch vor unserer Nase für uns wiedergefunden wird, werden wir vielleicht ein bißchen demütig:

104

Wir wissen sehr wohl, daß ein Suchender nicht immer weit suchen muß, denn je geheiligter der Gegenstand seiner Suche, desto näher ist er ihm; und wenn er dich, o Gott, sucht, du bist von allen Dingen am nächsten! Wir wissen aber auch, daß diese Suche niemals ohne Schmerzen und Versuchung ist, wie sonst sollte es nicht die Furcht geben bei der Suche nach dir, der du mächtig bist [68]!

*

Darum ist der Übergang von «Verloren» zu «Wiedergefunden» niemals leicht. Es ist niemals leicht, ein verlorener Sohn — oder eine verlorene Tochter zu sein. Es ist niemals leicht zu sagen: «Ich will mich aufmachen und zu meinem Vater gehen und zu ihm sagen: Vater, ich habe gesündigt gegen den Himmel und vor dir; ich bin nicht mehr wert, dein Sohn zu heißen; stelle mich an wie einen deiner Taglöhner!» (Luk. 15, 18, 19). Es ist niemals leicht, denn nicht eher, als unsere Lage *vollständig hoffnungslos* ist, können wir uns so weit demütigen, daß wir zugeben, einen derart schweren Fehler gemacht zu haben. Paulus hat gesagt: «Denn es ist mir besser zu sterben, als daß jemand meinen Ruhm zunichte macht» (1. Kor. 9, 15). In gewissem Sinne ist es freilich auch das, was geschehen *muß* — der «alte Adam» muß sterben. Daher ist die Reue — oder «Rückkehr» niemals leicht. Aber nur wenn wir *wirklich* bereuen, wird uns unser Vater das geben, was der «Geburtstagsparty» gleichkommt, die er uns schon lange geben wollte: «Holet das gemästete Kalb, schlachtet es und lasset uns essen und fröhlich sein! Denn dieser mein Sohn war tot und ist wieder lebendig geworden, er war verloren und ist wiedergefunden worden» (Luk. 15, 23—24).

Betrübnis steht für den Christen immer in einem paradoxen Verhältnis: es ist «Leiden», aber es ist «gütig». Die Furcht des Herrn ist der Anfang jener Weisheit, die alle Furcht vertreibt; daher bedeutet diese heilige Furcht für den Christen eine große Gabe. So hat das Leben am wenigsten die Möglichkeit «an uns vorüberzuziehen», so lange es uns immer «zu Boden streckt und über uns wegtrampelt», um Charlie Browns gesalzene Ausdrucksweise zu gebrauchen. Oder um es mit Christus auszudrücken: «Denn wer sein Leben retten will, der wird es verlieren; wer aber sein Leben verliert um meinetwillen und um des Evangeliums willen, der wird es retten» (Mark. 8, 35). «Denn wenn ich schwach bin, dann bin ich stark» (2. Kor. 12, 10), spricht Paulus dieses Paradoxon aus. «Ich bin nie so besonders dumm, außer wenn ich klug sein will», gibt andererseits Linus zu. Denn «was vor der Welt töricht ist, hat Gott erwählt, damit er die Weisen zuschanden mache, und was vor der Welt schwach ist, hat Gott erwählt, damit er das Starke zuschanden mache, und was vor der Welt niedriggeboren und was verachtet ist, hat Gott erwählt, das, was nichts gilt, damit er das, was gilt, zunichte mache, auf daß sich kein Fleisch vor Gott rühme» (1. Kor. 1, 27—29). «Wenn Gott also lebendig macht», sagt

Luther, «so tut er es, indem er tötet; wenn er rechtfertigt, so tut er es, indem er uns zur Hölle führt [69].» Diese paradoxe Art der Liebe Gottes — die den Hochmütigen niederschlägt und den Niedergeschlagenen ermutigt — scheint oft in den Peanuts durch zwei bestimmte Symbole veranschaulicht. Erstens ist da einmal der *Regen;* denn derselbe Himmel belustigt und belästigt das ‚Kleine Volk'.

Gottes Liebe erscheint immer als Gericht, oder Zorn, wenn wir versuchen über ihn zu urteilen. So machte Gott die Pläne der listigen Erbauer des alttestamentarischen «Turms von Babel» zunichte, die wünschten «in den Himmel hinaufzusteigen... um Christus herabzuholen» (Röm. 10, 6), wie Paulus es nannte. «Lasset uns auch nicht Christus versuchen», warnt Paulus, außer wir wünschten, selbst von dem Herrn, «dem Verderber», streng versucht zu werden (1. Kor. 10, 9–12). Das bedeutet auch, daß der Mensch die Existenz Gottes ebensowenig «beweisen» kann, wie dies Gott kann.

Derartige Versuche verlangten eine unfehlbare «Drittperson», die als Richter über Gott auftreten könnte, während doch Gott selbst der einzige letzte Richter sein muß, wenn er Gott sein soll. «Gott kann ebensowenig seine Existenz beweisen..., wie er schwören kann; er hätte nichts Höheres, bei dem er schwören könnte», sagte Kierkegaard [70]. Wenn wir irgendein Zeichen oder einen «Beweis» verlangen, damit wir an Gott glauben, so ist es nicht Gott, an den wir glauben oder auf den wir unser Vertrauen setzen, sondern das Zeichen oder der Beweis. «Ein böses und abtrünniges Geschlecht begehrt ein Zeichen», sagte Christus zu den Pharisäern, denn diese baten ihn «um ihn zu versuchen, er möge sie ein Zeichen vom Himmel sehen lassen» (Matth. 16, 4, 1). Im Grunde ist der einzige «Beweis» für Gottes Existenz — ja eigentlich der einzige Beweis für «alles» (Joh. 14, 26), was der Christ kennt — Gottes eigene Offenbarung seiner selbst und seines Willens im Herzen jedes einzelnen Gläubigen. Denn «eben dieser Geist bezeugt samt unserem Geiste, daß wir Kinder Gottes sind» (Röm. 8, 16). Aber die Menschen wollen ihre «Zeichen» haben, ob diese Zeichen nun als Wunder erscheinen, als wissenschaftliche Demonstrationen, als rationale Argumente oder als sonst ein objektives «Dritturteil»; und deshalb werden die Menschen auch ihr Urteil von Gott erfahren, ob dieses Urteil nun als Regen erscheint, als Enttäuschung oder — wie im Falle des «Turmbaus zu Babel» (1. Mose 1—9) — als «Verwirrung ihrer Sprache».

In bezug auf dieses Thema erschien in den Peanuts-Reihen an drei aufeinanderfolgenden Sonntagen einer der überragenden wissenschaftlichen Versuche der Gegenwart. In der ersten Folge verläßt Charlie Brown mißvergnügt das Baseball-Spielfeld und sagt: «Unglaublich! Immer wenn man was unternehmen will, regnet's!» Aber Linus, im Einklang mit Lucys Behauptung, daß er «nicht klug genug sei, sich bei Regen unterzustellen», bleibt im Spielfeld stehen. Dann hebt er seinen Kopf und spricht den Himmel an: «Regen, Regen, Regen, geh doch wieder fort, komme meinetwegen an 'nem andern Ort!» Unversehens hört es auf zu regnen; worauf Linus, zu Tode erschrocken, nach Hause läuft, so schnell er kann, die Tür hinter sich zuschlägt und Lucy anfleht: «Versteck mich!» Am folgenden Sonntag steht Linus mit Lucy im Regen und erklärt ihr, was geschehen war. Nochmals wiederholt er die Zauberformel; nochmals hört es augenblicklich auf zu regnen. «Erschreckend, nicht wahr?», fragt er sie. «Ich wußte nicht, ob ich einen Arzt oder einen Theateragenten kommen lassen sollte. Meinst du, ich bin ein Hexer? Meinst du, sie werden mich vielleicht steinigen? *Ich mag nicht gesteinigt werden!*» Aber Lucy beruhigt ihn mit den Worten: «Nimm's nicht tragisch. Wir wissen noch nicht sicher, daß du es bewirkt hast. Es ist erst zweimal geschehen. Wenn du es *noch* einmal fertigbringst, dann wissen wir es bestimmt. Wir brauchen nur zu warten, bis es wieder anfängt zu regnen» (Pause). «Ich möchte wissen, ob ich mich patentieren lassen kann?», fragt Linus. Der nächste Sonntag ist der Tag des «großen wissenschaftlichen Augenblicks»:

«Da antwortete Jesus und sprach zu ihm: ‚Es ist gesagt: «Du sollst den Herrn, deinen Gott, nicht versuchen»'» (Luk. 4, 12). Denn, wie H. Richard Niebuhr es ausdrückte, der Gott der Bibel «ist kein Gegenstand magischer Praktiken, durch welche seine Kraft zur Verfolgung menschlicher Ziele gewonnen werden kann, wie es bei vielen Religionen sonst der Fall ist» [71]. Was das für vieles, was als Gebet gilt, bedeutet, sollte klar sein.

*

Aber wie Gott «es regnen läßt über Gerechte und Ungerechte» (Matth. 5, 45), so kann die Liebe Gottes, die er allen Menschen schenkt, entweder als Segen oder als Strafe empfunden werden, je nachdem, ob man glaubt oder nicht glaubt. Charlie Brown zum Beispiel, der gelegentlich sorgenvoll erklärte, «Es regnet immer auf die Ungeliebten!», wurde einmal «vom Regen gerettet», als eines seiner sonst unvermeidlich verlorenen Baseballspiele im wahrsten Sinn des Wortes ins Wasser fiel. In der nachstehenden Bildfolge ist Snoopy glücklich, obwohl er «umkommt vor Durst», denn er wird durch den Regen «befriedigt». In dieser Folge scheint Schulz den Regen aber auch als Ausdruck für etwas zu verwenden, worauf er schon, auf andere Art, früher hingewiesen hat: Gottes «freies Geschenk» der Gnade durch Jesus Christus, dieser Gnadenstrom, kann nicht in ein von Menschenhand geschaffenes «Leitungsrohr» für diese Gnade gezwungen werden. «Ich mag nicht einmal den Ausdruck ‚das Abendmahl nehmen'», hat Schulz gesagt. Man kann nicht das Abendmahl für sich «nehmen», man vereint sich zum Abendmahl. Man vereint sich mit Christus, man nimmt teil an der Gemeinschaft der Heiligen [72]. Darum «wer dürstet, der komme; wer will, der nehme Wasser des Lebens umsonst» (Off. 22, 17).

Schulz gibt uns allen hochkonzentrierte ‚Eiweißnahrung' zum Nachdenken. Aber wie Snoopy in der obenstehenden Folge andeutet, liegt es bei uns, die Peanuts aus ihren Schalen zu lösen.

Das zweite bemerkenswerte Symbol in den Peanuts, das die paradoxe Natur der Liebe Gottes auszudrücken scheint, ist der *Baum*. Häufiger als der Regen wurde der Baum in Bibel und Kunst als Symbol verwendet. Denn der Baum ist das herkömmliche christliche Symbol für das Kreuz — selbst das zentrale Symbol des Christentums, das Leiden und Tod, aber auch Frieden und Leben vorstellt. Dies erlangen die Christen durch Christus, «indem er durch sein Kreuzesblut Frieden stiftete» (Kol. 1, 20); und dennoch ist das Kreuz ein «Ärgernis», das nicht «abgetan» werden kann (Gal. 5, 11) von dem einzigen Pfad, der zu dem höchsten dem Menschen zugänglichen Leben führt. Das Kreuz, oder der Baum, ist der Punkt, an dem man entweder alles riskieren oder sich mit viel weniger abfinden muß, als man gehofft hat. Als der reiche junge Mann zu Christus kam und ihn fragte, «was muß ich tun, damit ich das ewige Leben ererbe?» (Mark. 10, 17), sagte ihm Christus: «Eins fehlt dir. Geh hin, verkaufe alles, was du hast und gib es den Armen, und du wirst einen Schatz im Himmel haben; und komm,

111

folge mir nach und nimm das Kreuz auf dich! Er aber wurde trau-
rig über das Wort und ging betrübt hinweg; denn er hatte viele
Güter» (Mark. 10, 17, 21—22):

«Der Prediger» erklärt immer und immer wieder, daß alle Hoffnungen, Träume und Anstrengungen des Menschen — ausgenom-
men seine «Furcht Gottes» — «nichtig und ein Haschen nach Wind»
seien (Pred. 2, 11), wie er sich ausdrückte. Gewiß erscheinen alle
Hoffnungen, Träume und Anstrengungen Charlie Browns als nichtig und recht buchstäblich als «ein Haschen nach Wind», denn sie
scheinen in seinen Drachen vereint, die er niemals richtig vom
Boden hochzukriegen imstande ist. Weshalb? Weil sie gewöhnlich
auf das Hindernis eines Baumes stoßen, auf alle denkbaren Arten

112

von Bäumen: auf einen zarten Miniaturbaum vor Violets Puppenhaus, auf den Weihnachtsbaum, den Schröder nach Hause zu bringen versucht, auf den unschuldigen kleinen Sprößling, den Linus und Lucy gerade gepflanzt haben usw. In einer verzweifelten Anstrengung, wenigstens einen einzigen Drachen steigen zu lassen, versuchte Charlie Brown einst vier Drachen aufs Mal steigen zu lassen, doch jeder blieb an einem anderen Baum hängen. Wie Melvilles Ahab, der hilflos an den weißen Wal Moby Dick gefesselt war durch seine eigene verwickelte Harpunenleine, so war auch Charlie Brown an seinen unüberwindlichen Feind, den Baum, gebunden durch seine eigene hoffnungslos verknüpfte Drachenschnur. Charlie Brown würde sicherlich die Würdigung des Apostel Paulus für eine bestimmte Stelle im Alten Testament teilen; Paulus drückte sie folgendermaßen aus: «Verflucht ist jeder, der am Holz hängt» (Gal. 3, 13, 5. Mose 21, 23).

Es scheint tatsächlich ein Fluch irgendeiner Art auf Charlie Brown zu liegen, denn der Baum taucht in der einen oder anderen Form für ihn immer wieder auf, um daran hängenzubleiben. Es ist vielleicht eine Schande, daß es scheinbar *immer* so sein muß, aber Christus sagte sehr nachdrücklich: «Wenn jemand mit mir gehen will, verleugne er sich selbst und nehme sein Kreuz auf sich und folge mir nach» (Matth. 16, 24, Mark. 8, 34, Luk. 9, 23):

Es ist in der Tat so, wie Patty einmal zu Violet sagte: «Bei Charlie Brown ist Drachensteigen ein herzbewegendes Erlebnis.»

*

Man muß allerdings bemerken, daß für Charlie Brown wie auch für den Christen der Baum oder das Kreuz — zunächst Erzfeind und letztes Ärgernis — die erstaunliche Fähigkeit besitzt, seine wichtigste Stütze und Zuflucht zu werden — besonders in Zeiten großer Not:

Auf solche Art lernt man die Bedeutung vom «Segen des Leids» kennen. Nur «wenn das Leben zu schwer wird», entdeckt man, daß Bäume «sehr gut zum Anlehnen sind». Denn «wie sich ein Vater über seine Kinder erbarmt, so erbarmt sich der Herr über die, die ihn fürchten» (Ps. 103, 13).

Gott braucht *Menschen,* keine Kreaturen,
voller neunmalkluger Phrasen.
Hunde braucht er, die ins Heute
stecken scharfe Hundenasen
und darin das Ewige spüren[73].

Und siehe, eine kanaanäische Frau kam ... her und schrie laut: «Erbarme
dich meiner, Herr, du Sohn Davids ... Doch er antwortete und sprach: Ich
bin nur zu den verlorenen Schafen des Hauses Israel gesandt. Da kam sie,
warf sich vor ihm nieder und sagte: Herr, hilf mir! Er aber antwortete und
sprach: Es ist nicht recht, den Kindern das Brot zu nehmen und es den
Hunden hinzuwerfen. Sie aber sagte: Gewiß, Herr, auch die Hunde zehren
ja (nur) von den Brosamen, die vom Tisch ihrer Herren fallen. Da antwortete Jesus und sprach zu ihr: O Weib, dein Glaube ist groß; dir geschehe wie du willst!   *Matthäus 15, 22, 24—28*

Alles, was auf den Boden fällt, gehört von rechts wegen mir.   *Snoopy*

5. Der Himmelshund

In den folgenden Zeilen bringt Shakespeare wunderbar die Meinung des Christen über großes Leid und die paradoxe Rolle, die
es im Leben des Menschen spielt, zum Ausdruck:

Doch wer ich sei,
so mir als jedem sonst, der Mensch nur ist,
kann nichts genügen, bis er kommt zur Ruh',
indem er Nichts wird[74].

Mit anderen Worten, «Gott schafft alles aus Nichts», wie Kierkegaard es ausdrückt, «und alles, das Gott gebrauchen will, macht er
zuerst zu nichts[75].»
Charlie Brown ist recht vertraut damit — aber niemals darüber
beruhigt — «Nichts zu sein». «Weißt du, warum mich dieses kleine

rothaarige Mädchen nie bemerkt?», fragt Charlie Linus, fast weinend. «Weil ich Nichts bin! Wenn sie hierher schaut, dann ist Nichts zu sehen! Wie kann sie jemanden sehen, der Nichts ist?» (Pause). «Du bist deprimiert, nicht wahr?», fragt Linus in bester psychiatrischer Manier. Aber Charlie Brown findet *noch immer* keine Ruhe. Für ihn genügt es einfach nicht, zu sagen, daß «das Leben seine ‚Höhen und Tiefen‘ hat», oder daß «Leiden letzten Endes hilfreich», oder daß «wir mehr durch Verlieren als durch Gewinnen lernen»:

Wie kann man Ruhe finden, wenn man ein Nichts ist? Was kann man im Leiden finden, das auch das Leiden ‚gütig‘ macht? Was kann sogar einen Verlust in einen Gewinn umwandeln? Das Christentum weiß eindeutig nichts und niemanden unter den Menschen «als Jesus Christus, und zwar als gekreuzigten» (1. Kor. 2, 2). Folglich, wann immer das Christentum diese zwei wichtigen Faktoren nicht vereinigen kann, so daß es dazu tendiert, entweder einen Christus ohne Kreuz oder ein Kreuz ohne Christus zu verkünden, wird es etwas Anderes als Christentum, obwohl es immer noch unter der Flagge des «Christentums» dahintreibt. Bis jetzt haben wir das *«Kreuz»* und das *«Leiden»* und das «Nichts» als wesentlich für das christliche Leben hervorgehoben. Nun wollen wir uns dem zuwenden, was unser Leiden zum Segen macht, was das Licht schafft, das in der Finsternis leuchtet, was uns Ruhe bringt mitten in der Un-ruhe, was das Kreuz von einem Symbol des Todes in ein Symbol neuen Lebens und neuer Hoffnung verwandelt — wir wenden uns nun unmittelbarer dem Tatbestand der Erlösung zu, der bei den Peanuts in außerordentlich feinen Anspielungen ausgedrückt wird; wir wenden uns nun Jesus Christus zu.

Wir zögern wohl, Snoopy «Christus» zu nennen. Er ist eher so etwas wie «ein kleiner Christus», besser ein Christ. Denn wie Ch. Schulz selbst ausführte, hat Snoopy die Fähigkeit, «eines der geringsten» Mitglieder der Peanuts-Gruppe zu sein. Außerdem hat Snoopy andere Fehler (oder «Charakterzüge», wie Linus «Fehler» auszudrücken beliebt): Er ist faul, er ist ein «verfressener Hund», er ist beißend sarkastisch, er ist des öfteren ein Feigling, und oft wird er recht überdrüssig, daß er im Grunde nichts anderes als ein Hund ist. Er ist, mit anderen Worten, wahrscheinlich eine ziemlich originalgetreue Karikatur typischer Christen. Und wenn irgend jemand irgendwelche Illusionen darüber haben sollte, wie «gut» Christen seien, brauchte er nur einen der Briefe zu lesen, die Paulus an «die berufenen Heiligen» in Rom oder Korinth geschrieben hat, um zu sehen, daß «Heilige» oft noch einiges in Ordnung zu bringen haben, bevor sie vollkommene Engel werden. Es ist in diesem Zusammenhang auch gut, sich Luthers Lehre zu erinnern, daß «ecclesia est abscondita», daß die Kirche im Verborgenen wirkt, denn sie lebt durch den Glauben und nicht durch Ansehen oder Werke. «Sic nulla est differentia inter Christianum et gentilem, quantum ad opera attinet» [77] (so gibt es keinen Unterschied zwischen einem

Christen und einem Nichtchristen, soweit man sich an die Werke hält), erinnert uns Luther. Wie soll man dann unterscheiden zwischen Christ und Nicht-Christ? Letztlich ist das eine Entscheidung, die nur Gott treffen kann; aber es gibt bestimmte Hinweise für einsichtige Mutmaßungen. Zum Beispiel: «Darum wird jedermann erkennen, daß ihr meine Jünger seid, wenn ihr Liebe untereinander habt» (Joh. 13, 35). Und trotz seiner vielen eher fragwürdigen «Charakterzüge» kommt Snoopy bei diesem Test gar nicht schlecht weg:

Der Hund wurde, auf Grund seiner «wundervollen Eigenschaften, wie Liebe, Treue, Wachsamkeit und Mut» (Charlie Browns Beschreibung), in Literatur und Kunst oft als Symbol für den *Glauben* verwendet; selbst in der Bibel findet sich dieser Vergleich. Aber der Hund ist auch ein gutes Symbol für den Glauben insofern, als ein Mensch im wahren Sinn erst «auf den Hund kommen» muß, bevor er ein Christ werden kann. Er muß die Niedrigkeit des Hundes — vollständigen Gehorsam und Demut zu Füßen seines Meisters und im Dienst für andere — auf sich nehmen. Er muß willig sein wie ein Hund und wie die kanaanäische Frau, die vor Jesus auf die Knie fiel, um «von den Brosamen zu zehren, die vom Tisch ihres Herrn fallen», ehe der Herr sagen wird: «... dein Glaube ist groß; dir geschehe, wie du willst.» Hegel spottete einmal über Schleiermachers Erklärung, daß im Kern des religiösen Glaubens das Gefühl der *schlechthinnigen Abhängigkeit* ruhen müsse, indem er sagte, dann müßte von allen Lebewesen das religiöseste der Hund sein. Damit war Hegel der Wahrheit nähergekommen, als ihm bewußt wurde.

Snoopy, als kleiner Christus, setzt ganz offensichtlich Christi doppeltes Werk fort, die Erhöhten zu erniedrigen und die Erniedrigten zu erhöhen,«damit die Nichtsehenden sehend und die Sehenden blind werden» (Joh. 9, 39), wie Jesus sagte. «Die Liebe, die uns folgt, wird manchmal Last; / doch danken wir als Lieb ihr» [78], sagte Shakespeare. Und Snoopy ist sicherlich eine Liebe, die uns folgt und uns manchmal zur Last wird. Wie schon sein Name sagt, ist Snoopy ständig neugierig und aufdringlich. Keiner der beliebten Pseudo-Götter ist sicher, wenn er in der Nähe ist. Er ist ein «Hund vom Himmel», der «die labyrinthischen Wege herab» geflohen ist und der seine Schnüffelnase verwendet, Fehler herauszuriechen, die nicht unmittelbar sichtbar sind. «Das Auge mag getäuscht werden, aber die Nase weiß es!», erklärt er uns. Als Beispiel für Snoopys Jagd nach fremden Göttern diene folgendes:

In bezug auf die Zeiten und Fristen aber, ihr Brüder ... wißt ihr selbst genau, daß der Tag des Herrn so kommt wie ein Dieb in der Nacht. Wenn sie sagen werden: Es ist Friede und Sicherheit, dann kommt plötzliches Verderben über sie wie die Wehen über die schwangere Frau und sie werden nicht entfliehen können (1. Thess. 5, 1–3).

Schulz bringt es fertig, jedes wichtige Element des oben angeführten Zitats aufs knappste in dieser einen Bildfolge zu vereinen. Snoopy hat sich verstohlen an Linus herangeschlichen. Und dann —

Andererseits ist es Snoopy, der seine Freunde vom Unglück allzu großer — oder falscher — Sicherheit errettet, wenn dabei der Schuß nach hinten losgeht oder sie endlich wirklich «fallen»:

Snoopy, gleich dem Herrn, «tut weh und er verbindet; er schlägt wohl Wunden, doch seine Hand heilt» (Hiob 5, 18). Seine verletzende Haltung («Die Entwicklung der Zivilisation hat für unsereins immer viel zu wünschen übriggelassen!») verwundet oft seine «zivilisierten» Freunde. Aber er verbindet auch Wunden: Einmal beschließt Lucy Linus' «dummer Deckenangewohnheit» ein für allemal ein Ende zu setzen. Die Schwierigkeit bei diesem Versuch besteht bloß darin, daß eher Linus ein Ende gemacht wird als der Gewohnheit.

*

Nachdem für Linus zwei Wochen bedauernswerter Agonie und vergeblicher Grabungen nach seiner Decke vergangen sind («Jetzt weiß ich, was es heißt, wenn man sagt, unsere Zukunft liegt im Boden!», erklärt Linus Charlie Brown), läßt sich leicht erraten, wer ihn errettet vor etwas, das aussieht wie ein «drohender Nervenzusammenbruch». Lucys Fehler war, daß sie sich Eliots Rat — offenbar in Bezugnahme auf Christus — in «Das wüste Land» nicht zu Herzen nahm: «O halt ihn fern, des Menschen Freund, den Hund, / sonst gräbt er's mit den Krallen aus dem Grund! [79]»

MEINE DECKE!

OH SNOOPY! DU HAST SIE GEFUNDEN! DU HAST SIE GEFUNDEN! DU HAST SIE GEFUNDEN! DU HAST SIE GEFUNDEN!

SO AB UND ZU FÜHLE ICH, DASS MEIN DASEIN GERECHTFERTIGT IST!

Aber im allgemeinen versucht Snoopy, gleich wie Lucy, Linus die Decke zu entreißen. «Ich glaube, ich werde den alten Überraschungsangriff durchführen, wie es meine wölfischen Vorfahren getan haben», sagt er einmal; in diesem Augenblick wird ihm die Decke roh aus dem Maul gerissen, weil Linus den einen Zipfel der Decke am Boden angenagelt hat. So sehnen sich alle Menschen danach, «die Wahrheit» oder ihre Sicherheit «anzunageln». Die Ironie dieses Wunsches liegt darin, daß Gott genau das für alle Menschen getan hat — er hatte «die Wahrheit» (Joh. 14, 6) *annageln* lassen.

Snoopy ist der «Dominikaner» unter den Peanuts — der *Domini canis,* d. h. «Hund des Herrn» — und wie ein echter Bettelmönch ist er des öfteren *Demütigungen* ausgesetzt, die zu einem nicht geringen Teil denen des «leidenden Gottesknechtes» in Jesaja ähnlich sind: «... so entstellt, nicht mehr menschlich war sein Aussehen und seine Gestalt nicht wie die der Menschenkinder ... Verachtet war er und verlassen von Menschen, ... und vertraut mit Krankheit» (Jes. 52, 14, 53, 3).

Man beachte wie die nachstehende Bildfolge dem folgenden Abschnitt aus der Heiligen Schrift gleicht, in welchem Jesus die Füße seiner Jünger waschen will:

Petrus sagt zu ihm: Nimmermehr sollst du mir die Füße waschen. Jesus antwortete ihm: Wenn ich dich nicht wasche, hast du keine Gemeinschaft mit mir. Simon Petrus sagt zu ihm: Herr, nicht meine Füße nur, sondern auch die Hände und das Haupt (Joh. 13, 8—9).

Aber am schmerzlichsten war für Snoopy jenes klassische Advent-Abenteuer in den Peanuts, wo der «Erwartete» erscheint, aber in Wirklichkeit nicht derjenige ist, der erwartet wurde. Denn Snoopy muß, gleich wie Christus, dieses Gefühl kennen, wenn man an einem verborgenen Stückchen Erde auftaucht und nur als ziemlich enttäuschendes Andenken für das tatsächlich Erhoffte angesehen wird:

Trotz allem hat Snoopy gelernt, in der Hundehütte (unter dem Fluch) zu leben und auch zufrieden zu sein. Vielleicht ist er deshalb von Van Gogh so begeistert. (Er hat einen heißgeliebten Van Gogh in seiner Hundehütte hängen.) Denn auch Van Gogh hat sich damit abgefunden «ein Hund» zu sein. In Worten, die man sehr gut auch auf Snoopy anwenden könnte, hat Van Gogh von sich geschrieben:

Aber das Tier hat eine menschliche Geschichte, und obwohl nur ein Hund, hat es eine menschliche Seele und noch dazu eine sehr empfindliche, mit der es fühlen kann, was die Leute von ihm denken, was ein gewöhnlicher Hund nicht kann ... Ich wähle ganz bewußt den *Lebensweg eines Hundes;* ich möchte ein *Hund* bleiben. Ich werde *arm* sein ... ich möchte *menschlich bleiben* — und *in* die Natur eingehen [80].

So gesehen ist der Unkraut-allergische Snoopy kein gewöhnlicher Hund. Denn er ist nicht nur empfindlich für das, was die Leute von ihm denken. Er zeigt auch eine eigentümliche Anteilnahme für andere — und auch für andere «Dinge» in der Natur, wie zum Beispiel *Blätter,* die von den Bäumen fallen. «Ich muß aufhören, diese Blätter zu beobachten, wenn sie herabfallen», bemerkt er einmal. «Ich bin dann so niedergeschlagen, daß ich nächtelang nicht schlafen kann!» Diese Niedergeschlagenheit ist vielleicht gar nicht so schwer zu verstehen. «Verwelkte» und «herabfallende Blätter» sind in der Bibel oft ein Symbol für jene, in denen der Urquell des Glaubens vertrocknet ist, für jene, die «in Zeiten der Versuchung abfallen». In diesem Sinne bedeutet vom Baume abfallen wirklich «zu sterben»:

«Du weißt es nicht», sagt Snoopy zu einem herabfallenden Blatt, «aber deine Probleme fangen eben erst an!» Denn «Ich bin der, Weinstock und ihr (seid) die Reben» (Joh. 15, 5), sagte Christus. «Wenn jemand nicht in mir bleibt, wird er weggeworfen wie und eine Rebe verdorrt, und man sammelt sie und wirft sie ins Feuer und wird sie verbrennen» (Joh. 15, 6). Aber Snoopy glaubt auch an «die Vergebung der Sünden». Er ist nicht wie jene kleinlichen Legalisten (Pharisäer), die «die gewichtigeren Stücke des Gesetzes außer acht gelassen haben: das Recht und die Barmherzigkeit und die Treue» (Matth. 23, 23). In der Tat hat Snoopy, als Theologe, viel scharfsinnigere Einsichten als die, denen er folgt:

Obwohl Snoopy sicher mit den Demütigungen vertraut ist, die das Hundedasein mit sich bringt, scheint er auch die *Freude* zu kennen, die diesen Demütigungen innewohnt: «Selig seid ihr, wenn euch die Menschen hassen und wenn sie euch ausschließen und schmähen und euren Namen als einen bösen ächten um des Sohnes der Menschen willen. Freuet euch an jenem Tage und frohlocket; denn siehe, euer Lohn wird groß sein im Himmel» (Luk. 6, 22—23). Snoopy «frohlockt» dauernd. Sogar die «Nur-kein-Unsinn»-Lucy kann ihn nicht von seinem freudigen Tanzen abbringen. «Glückseligkeit ist nicht alles, weißt du», ruft sie dem selig springenden Snoopy zu. «Sie wird dir niemals Seelenruhe bescheren», fährt sie fort, als er seelenruhig an ihr vorbeitanzt. Es kann auch sein, daß Snoopy Havelock Ellis gelesen hat. (Es ist bekannt,

130

daß Snoopy ziemlich viel liest; obwohl wir «desillusioniert» werden, wie Lucy, wenn wir hören, daß «er seine Lippen bewegt, wenn er liest!»). Tanzen ist «das oberste Symbol geistigen Lebens», sagt Ellis. «Denn der Tanz ist die erhabenste, die bewegendste, die schönste aller Künste, denn er ist nicht einfach eine Übersetzung oder Abstraktion des Lebens; er ist das Leben selbst [81].» «Für diejenigen von uns, die wirkliches Verständnis haben», stimmt Snoopy bei, «ist Tanzen die einzige reine Kunstform.»

Das ist die Art von «Leben», die Paulus meinte, als er sagte: «Der aus Glauben Gerechte aber wird leben» (Röm. 1, 17). Denn im

Glauben ist ein «Leben» oder eine «Freude, die niemand von euch nimmt» (Joh. 16, 22).

Denn ich bin dessen gewiß, daß weder der Tod noch Leben, weder Engel noch Gewalten, weder Gegenwärtiges noch Zukünftiges, noch Kräfte, weder Hohes noch Tiefes, noch irgendein andres Geschöpf uns zu scheiden vermag von der Liebe Gottes, die in Christus Jesus ist, unsrem Herrn (Röm. 8, 38–39).

Schließlich tanzen Lucy und Snoopy glücklich miteinander davon. «Kann man wen nicht überwinden, muß man sich mit ihm verbinden!», erklärt sie fröhlich.

Snoopy ist auch ein gutes Symbol für den Glauben, da sein gesamtes eigentümliches Äußeres die unendliche innere Verschiedenheit zwischen dem Christen und dem Nicht-Christen verkörpern kann. Denn «ist somit jemand in Christus, so ist er ein neues Geschöpf» (2. Kor. 5, 17), sagt Paulus. Außerdem hilft Snoopys Minoritätsausschließlichkeit zeigen, daß «ein Christ ein seltener Vogel ist», wie Luther es ausdrückt. Denn Gott hat nicht nur «erwählt, was vor der Welt niedriggeboren und was verachtet ist» (1. Kor. 1, 28), sondern auch — wie Christus sagte — «wenige sind auserwählt» (Matth. 22, 14). Snoopy scheint zu erkennen, daß seine Niedrigkeit und einsame Absonderung Glückseligkeit bedeuten, daß er «von den Menschen zwar verworfen, vor Gott aber auserwählt, kostbar ist» (1. Petr. 2, 4). Denn ein Christ zu sein, bedeutet ein «kleiner Christus» zu sein; und «der Christus» zu sein, bedeutet der Gesalbte, der Auserwählte, der Berufene, der Auserkorene, der Auserlesene zu sein — kurz «der Glückliche».

133

Daß Snoopy «der Glückliche» ist, erklärt vielleicht, warum das Glück des Kleinen Volkes bis zu einem gewissen Grad von seiner Beziehung zu ihm abzuhängen scheint. «Glück ist ein kleines warmes Hündchen!» sagt Lucy in einer Bildfolge, wobei sie Snoopys Kopf tätschelt und ihn heftig umarmt. Aber bei einer anderen Gelegenheit, während sie gerade an Snoopy vorbeigehen, sagt Charlie Brown: «Weißt du, was ich bei dir bemerkt habe, Lucy? Ich habe bemerkt, daß du nie einen Hund auf den Kopf tätschelst, wenn du an ihm vorbeigehst. «Na und?», fragt Lucy. «Und das beweist eben, daß du kein Tierfreund bist, weiter nichts.» «Schlimmer noch», überlegt Snoopy, «es ist ein Symptom einer tieferliegenden Krankheit!» Eine tieferliegende Krankheit, jawohl! Denn «wahrlich, ich sage euch: Wiefern ihr es einem dieser Geringsten nicht getan habt, habt ihr es auch mir nicht getan» (Matth. 25, 45), lehrte Christus. Schulz sagte: «Wenn man ein Christ ist, ... ist man einer der ‚Berufenen', die dazu berufen wurden, Gott zu dienen [82].» Der «von Jesus Christus Berufene» oder «von Gott Erwählte» ist im Neuen Testament von zentraler Bedeutung. Den «Berufenen» ist nämlich das frohe Geheimnis gegeben, «das Geheimnis, das verborgen war, seitdem es Weltzeiten und Geschlechter gibt — jetzt aber ist es seinen Heiligen geoffenbart worden» (Kol. 1, 26); jenen, die so glücklich waren, von Gott *berufen* zu werden, «... ist das Geheimnis des Reiches Gottes gegeben, jenen aber, die draußen sind, wird alles in Gleichnissen zuteil» (Mark. 4, 11):

Gott «war in der Welt... und die Welt erkannte ihn nicht» (Joh. 1, 10); genauso wirkt auch der Christ, als sei er inkognito unterwegs; denn die Stärke des Christen erscheint vergleichsweise nur als Schwäche. Das liegt daran, daß der Christ, wie Christus, um Menschen zu retten nicht nur unter den niedersten Menschen wohnt, sondern auch unter ihnen als der Niederste der Niederen wohnt, ja als ihr *Diener*. Deshalb erscheint der Christ, wie Christus, der Welt gewöhnlich nur als eine Art Wachhund des kleinen Mannes (der «immer die Überbleibsel kriegt»), genau wie Snoopy, der nachts vom Giebel seiner Hundehütte über den schlafenden Charlie Brown wacht. Aber Snoopy muß es wissen, trotz seines «Hinterwäldler»-Standes: «Die Herrlichkeit des Herrn wird deinen Zug schließen» (Jes. 58, 8). Daher kann er sagen: «In der Höhe und als Heiliger throne ich und bei den Zerschlagenen und Demütigen, daß ich den Geist der Gebeugten belebe und das Herz der Zerschlagenen erquicke» (Jes. 57, 15). Snoopys Ähnlichkeit mit diesem merkwürdigen Volk, das man «Christen» nennt — «ein Volk zum Eigentum..., das eifrig wäre in guten Werken» — ist derart, daß es klug scheint auf der Hut zu sein, selbst vor diesem harmlosesten aller Wächter:

Sieh nur,
dein Lügenköder fängt den Wahrheitskarpfen;
so wissen wir, gewitzigt helles Volk, ...
auf krummem Weg zum graden Ziel zu kommen.   *Hamlet, II, 1*

Ich kann nicht umhin, jedesmal ergriffen zu sein, wenn ich die Dinge lese,
die Jesus gesagt hat, und mehr und mehr bin ich von der Notwendigkeit,
ihm zu folgen, überzeugt. Was Jesus mir bedeutet, ist dies: In ihm sind
wir in der Lage, Gott zu sehen und seine Gefühle uns gegenüber zu verstehen.   *Ch. Schulz* [83]

Man wird, wenn man zwei Leute törichte Geschichten erzählen hört, wobei
eine einen hintergründigen Sinn hat, der dem Eingeweihten verständlich
ist, und die andere, die gar keinen Sinn hat, beide, wenn man nicht ein-
geweiht ist, gleich beurteilen. Wenn aber dann im Fortgang der Unterhaltung der eine engelhafte Dinge sagt, und der andere weiterhin Gemein-
plätze und Alltäglichkeiten vorbringt, dann wird man schließen, daß der
eine von einem Geheimnis spräche, nicht aber der andere: da der eine zur
Genüge bewies, daß er solcher Torheit unfähig, wohl aber fähig des Geheimnisses, und der andere, daß er unfähig des Geheimnisses und fähig der
Torheit ist.   *Pascal* [84]

6. Abschließende unwissenschaftliche Nachschrift*

Bis jetzt mag es dem Leser ein bißchen widersinnig vorgekommen
sein, eine so «ernste» Sache wie die christliche Botschaft mit dem
Heiteren oder Humoristischen zu verbinden. Darum sollten wir
vielleicht darauf hinweisen, daß zusätzlich zu der Bedeutung des
christlichen Glaubens für alle Gebiete des Lebens, das Christen-

* Titel eines Werkes von Kierkegaard. A. d. Ü.

tum eine *besondere* Beziehung zum Heiteren hat. «Christentum... ist der humoristischste Standpunkt in der Weltgeschichte [85].» Es gibt verschiedene Gründe, warum das, «was wir predigen», sich als heiter oder «töricht» oder als «göttliche Torheit» erweist, um mit Paulus zu reden. Der erste betrifft das wahre Wesen der Liebe oder des Glaubens selbst. In der Geschichte der westlichen Literatur gibt es vielleicht kein beliebteres Thema für eine Komödie als die vollständige Blindheit der Liebe, des Liebenden, der darauf besteht, sich lächerlich zu machen, einfach weil seine Leidenschaft die Oberhand über seine Vernunft gewinnt. Beide, Liebe und Glaube, können keinen *Grund* für ihre Liebe angeben; sie können nur sagen: «So ist mein Geliebter» (H. L. 5, 16). Aber wahrscheinlich ist das gut so; denn wenn ein Liebender oder Glaubender uns den Grund für die Liebe oder den Glauben zum Gegenstand seiner Anbetung angeben könnte, als da sind «Schönheit» oder «Charme» oder «Reichtum», dann ist es ganz klar, daß der Liebende nicht wirklich verliebt in seine «Liebe» ist, sondern daß sein *wahrer* Herzenswunsch Schönheit oder Charme oder Reichtum ist, oder *was immer* sein «Grund» sein mag, warum er den Gegenstand seiner Liebe liebt. Daher ist es unmöglich für jemanden dieser Art, Hintergedanken zu haben und ein *wahrer* Liebender zu bleiben, ob auf göttlicher oder auf menschlicher Ebene; dies ist der Grund, warum der christliche Glaube am Ende «dogmatisch» auf der einen Seite und «konfessionell» auf der anderen ist. «Jesus Christus ist Gottes Sohn, weil er es ist» [86], sagt die Dogmatik; oder wenn man einen Grund haben *muß:* «Jesus Christus ist Gottes Sohn, weil er unmittelbar zu meinem Herzen gesprochen hat, daß er es ist», sagt das christliche Bekenntnis. Dieser blinde Glaube, oder diese Liebe, wie auch immer man das nennen mag, gibt dem Christen immer einen gewissen komischen Anstrich:

Aber wenn schon das *Wesen* des Glaubens ein gutes Thema für Komödien ist, so kann das, *was* der Christ glaubt, als noch viel komischer angesehen werden — denn im Grunde genommen ist der christliche Glaube absurd, unmöglich und töricht; er ist «für Juden ein Ärgernis, für Heiden aber eine Torheit» (1. Kor. 1, 23); er ist nicht nur *ohne* Vernunft, er ist entschieden eine *Beleidigung* für die Vernunft des Menschen. Grundlegende christliche Sätze wie «Schöpfer des Himmels und der Erde», die Inkarnation, der Heilige Geist, «Die Auferstehung des Fleisches» und «ewiges Leben» sind einfach unmöglicher Unsinn, wenn man sie auf Grund dessen beurteilt, was der natürliche Mensch von sich und seiner Welt weiß. Ja man müßte wie ein *Kind* werden, um diese Dinge zu glauben! Aber das wiederum ist genau der Grund, weshalb Christus sagte: «Wer nun sich selbst erniedrigt wie dieses Kind, der ist der Größte im Reich der Himmel» (Matth. 18, 4).

Darum heißt es: «Alles ist möglich dem, der glaubt!» (Mark. 9, 23), auch wenn dieser Glaube den Gläubigen selbst unmöglich erscheinen läßt.

Es gibt noch einen anderen, fundamentaleren Grund für die nahe Verwandtschaft des christlichen Glaubens mit der Komödie: Das Christentum, wie die Komödie, bringt immer einen *echten* «Fall», oder eine Umkehr, mit sich, die beide *letzten Endes* nicht ernst sind. Darum ist die Geschichte von Schöpfung, Sündenfall und nachfolgender Erlösung aller Menschen letztlich eine «göttliche Komödie». Nachdem Charlie Browns Drache krachend auf den

Boden «gefallen» ist und er schreit: «Ich werde es nie fertigbringen, diesen Drachen steigen zu lassen! Nimmer, nimmer, nimmer, nimmer!», sind wir versucht zu lachen, wenn wir dann Snoopy denselben Drachen vom Dach seiner Hundehütte aus steigen lassen sehen, während er gemütlich auf dem Rücken liegt. Aber wenn König Lear auf der Bühne, mit seiner ermordeten Tochter in den Armen, zu Boden «fällt» und beide «nimmer, nimmer, nimmer, nimmer» aufstehen und der Vorhang fällt, dann werden wir diese Szene schwerlich als humorvoll empfinden. In der Tat haben einige Ästhetiker betont, daß eine «christliche Tragödie» ein Widerspruch in sich selbst sei. Paradoxerweise jedoch, wenn ein Christ anfängt, die «furchtbare Seltsamkeit der Gnade Gottes [87] in *vollem* Ernst zu verstehen, dann lernt er, die Lage aller Menschen auf dieser Welt nicht mehr zu ernst zu nehmen. Graham Greene hat diese Hoffnung kraftvoll in «Das Herz aller Dinge» zum Ausdruck gebracht, indem er sich der folgenden Verse von Rilke bediente:

Wir fallen alle, diese Hand da fällt,
Und sieh dir andre an, es ist in allen.
Und doch ist Einer, welcher dieses Fallen
Unendlich sanft in seinen Händen hält. [88]

Wie es in jeder Komödie schließlich Auflösung gibt, so betont das Christentum eine letztliche Erlösung für alle: «Denn wie in Adam alle sterben, so werden in Christus auch alle lebendig gemacht werden» (1. Kor. 15, 22). Darum sind das Gelächter der Komödie und die Freude des Evangeliums Christi *eng* verbunden. Ch. Schulz sagte:

Ich glaube fest an das, was die Kirche «die Heiligung des Lebens» nennt. Ich bin der Meinung, daß das Leben so rein wie möglich gelebt werden sollte. Ich will damit natürlich nicht sagen, daß wir uns ganz aus dem Leben zurückziehen sollen; wir haben immer noch unsere Verpflichtungen, und wir müssen dort leben, wohin uns Gott gestellt hat, unseren Einfluß ausüben und mit Schulen und öffentlichen Einrichtungen zusammenarbeiten. Wir müssen das Beste, dessen wir fähig sind, geben, jeden Tag von neuem zu leben anfangen, aber das bedeutet nicht, daß das Leben nicht auf christliche Art gelebt werden kann [89].

Heißt das, daß jedermann ein Diener Christi sein kann, egal wo er ist und was er arbeitet? Bedeutet das, daß es möglich — nein zwingend — ist, daß jeder Christ lernt, seinen Glauben nicht nur in seinen Worten, sondern in seinem ganzen Leben und Wirken auszudrücken? Bedeutet das vielleicht sogar, daß sich ein Christ von Gott in die unwahrscheinliche Lage versetzt sieht, ein humoristischer Zeichner zu sein und dennoch Mittel und Wege findet, mit und durch diese humoristischen Zeichnungen «seinen Einfluß auszuüben» (auf jene, die Augen haben zu sehen)? Wir nehmen an, daß Ch. Schulz mit seinen Worten all dies meint; wir nehmen weiter an, daß er genau das in seinen Bildfolgen getan hat. Sicher ist Schulz grundsätzlich damit beschäftigt, «lustige Bilder für die morgige Zeitung zu zeichnen» [90]. Aber Schulz «braucht seine Torheit wie ein Stellpferd, um seinen Witz dahinter abzuschießen» [91]. Wir wollen beim Leser nicht den Eindruck erwecken, jede Peanuts-Folge enthalte irgendeine tiefe theologische Bedeutung. Wenn das der Fall wäre, könnte sich Schulz wahrscheinlich sein Publikum ebensowenig erhalten, wie es ein Shakespeare gekonnt hätte, wenn er seine Stücke nur aus lauter Hamlet-Monologen zusammengesetzt hätte. Andererseits aber, wie Schulz erklärte, «wenn eine humoristische Zeichnung nichts aussagt, kann sie ebensogut ungezeichnet bleiben». Der christliche Glaube muß es lernen, sinnvoll zu *allen* Menschen zu sprechen; und was das «ernsthafte» Lesen betrifft, gibt es wahrscheinlich viele Leute, die nie weiter vordringen, als bis zur Humorspalte ihrer Tageszeitung, viele, die lediglich die Witze mit ‚heiligem Ernst' lesen. Deshalb können wir verstehen, wie es für einen Christen, um die Formulierung des Apostels Paulus beizubehalten, möglich wäre zu sagen: «Ich bin den Lesern von Humorzeichnungen ein Humorzeichner geworden.» Christen beschäftigen sich, gleich wie Paulus, nie damit, «sich aus dem Leben zurückzuziehen», sondern sie werden notwendigerweise finden, daß sie allen möglichen Menschen alle möglichen Dinge werden, damit sie — auf alle Weise — einige retten (1. Kor. 9, 22). Alles, was der Christ tut — *schlechthin alles* — dient der «Erbauung», der Vermittlung der Botschaft Christi; und wofern sie «nicht zuletzt erbaulich ist, ist (sie) eben darum unchristlich» [92]. «Alles geschehe zur Erbauung» (1. Kor. 14, 26), sagte Paulus; denn genau das ist es, was es bedeutet «einander zu lieben» *und* Gott zu lieben. Deshalb, «wenn ich in den Zungen der Menschen und der Engel rede, habe aber die Liebe nicht, so bin ich ein tönendes Erz oder eine klingende Schelle» (1. Kor. 13, 1) — gerade wie Linus ein «tönendes Erz» ist in der folgenden Szene, in der er die Rolle eines kleinen «umgekehrten Jonathan Swift» spielt (Swift sagte einmal, er liebe die Leute, aber er hasse die Menschen):

Die Peanuts eignen sich sehr für diese Art der christlichen Auslegung, egal, ob der Künstler diese Idee von Anfang an im Sinn gehabt hat oder nicht. So können die Peanuts — und zahllose andere Bemühungen in der modernen Kunst — eine bedeutende Rolle im Leben der Kirche spielen, indem sie sinnvolle «Gesprächsstoffe» liefern zwischen Kirche und Kultur, indem sie wunderbare phantasiereiche Gleichnisse aus unserer und für unsere Zeit sind, und indem sie der Kirche eine schöpferische und wirksame Gelegenheit geben, für ihren Herrn einen noch unmittelbareren Zeugen zu schaffen. Denn jeder christliche Zeuge wird schließlich ein unmittelbarer Zeuge — um aufzustehen und gezählt zu werden oder sein Herz auf der Zunge zu tragen um Jesu Christi willen —, der ihn allein als Herrn und Heiland anerkennt. Die Christen sollten jedoch immer daran denken, nicht enttäuscht zu sein, wenn dieses Zeugnis niemals von jenen, die sie lieben, richtig gehört oder verstanden wird; denn der «Erfolg» allen christlichen Zeugnisses liegt letztlich in Gottes Händen.

Aber sei getrost, Charlie Brown! Denn nach allem, was gesagt und getan wurde, *gibt* es jemanden, der dich liebt — und dieser «jemand» ist nur ein sehr demütiger, peanut-großer Vertreter für Einen, der viel größer ist als er.

Literatur

1. Kirche und Kunst

¹ Charles Schulz, 'Knowing You Are Not Alone', *Decision,* Vol. IV (Sept. 1963), S. 9.

² Paul Tillich, *Theology of Culture,* ed. Robert C. Kimball (New York: Oxford University Press, 1959), S. 201. (Deutsch: Gesamtausgabe, Bde. IX und X: *Gedanken zu einer Theologie der Kultur,* noch nicht erschienen.)

³ Søren Kierkegaard, *Der Gesichtspunkt für meine Wirksamkeit als Schriftsteller,* übersetzt von A. Dorner und Chr. Schrempf (Eugen Diederichs Verlag, Jena, 1922), S. 29.

⁴ Søren Kierkegaard, *Die Tagebücher, 1834–1855,* ausgewählt und übertragen von Theodor Haecker (Hegner-Bücherei im Summa-Verlag, Olten, 1948), Bd. 2, S. 266 (1848).

⁵ Thomas Stearns Eliot, 'Burnt Norton', *The Complete Poems and Plays, 1909–1950* (New York: Harcourt, Brace and World, Inc., 1952), S. 121 (Deutsch: *Ausgewählte Gedichte,* übersetzt von Nora Wydenbruck (Suhrkamp, 1951) 'Burnt Norton' V. 149–153).

⁶ Karl Barth, *Dogmatik im Grundriß* (EVZ-Verlag, Zürich, 1947), S. 178.

⁷ Jerome D. Salinger, *Franny and Zooey,* S. 164 (Deutsch: Kiepenheuer & Witsch, Köln, 1963).

⁸ Karl Barth, *Der Römerbrief,* unveränderter Nachdruck der 1. A. v. 1919 (EVZ-Verlag, Zürich), Seiten 100 ff.

⁹ William Shakespeare, *Hamlet* III, 2.

¹⁰ Zitiert in Søren Kierkegaard, *Stadien auf dem Lebensweg,* übersetzt von Christoph Schrempf und W. Pfleiderer (Eugen Diederichs Verlag, Jena, 1914), S. 8.

¹¹ William Shakespeare, *Hamlet* II, 2.

¹² 'Religion and the Mission of the Artist', in *The New Orpheus,* ed. Nathan A. Scott, Jr. (New York: Sheed and Ward, 1964), S. 63.

¹³ Charles Schulz, *op. cit.,* S. 9.

¹⁴ *Ibid, op. cit.,* unter Nr. 23 der Anmerkung.

¹⁵ Bernhard W. Anderson, *Rediscovering the Bible* (New York: Association Press, 1951), S. 21.

¹⁶ Ernst Cassirer, *Das mythische Denken,* Teil 2 der *Philosophie der symbolischen Formen* (Bruno Cassirer Verlag, Berlin, 1925), S. 310.

[17] Walter R. Bowie, *Interpreter's Bible* (New York: Abingdon Press, 1951), Vol. VII, S. 165.

[18] William Shakespeare, *Hamlet* II, 2.

[19] Zitiert in Karl Barth, *Der Römerbrief,* op. cit., S. 16.

[20] Daniel D. Williams, *What Present-Day Theologians Are Thinking,* rev. ed. (New York: Harper & Row, Publishers, 1959), S. 31.

[21] *Vincent van Gogh: A Self-Portrait,* ed. W. H. Auden (Greenwich, Conn.: New York Graphic Society, 1961), S. 302.

[22] Charles Schulz, *op. cit.,* S. 19.

[23] *Ibid.,* Seiten 8–9; 'A Handful of Peanuts', *Look,* Vol. 22, No. 15 (July 22, 1958), Seiten 66–68; 'Good Grief; Curly Hair', *Newsweek,* Vol. LVII, No. 10 (March 6, 1961), Seiten 78, 71; 'The Success of an Utter Failure', *Saturday Evening Post,* Vol. 229, No. 28 (Jan. 12, 1957), Seiten 34–35, 70–72; 'Good Grief, Charlie Schulz!', *Saturday Evening Post* (April 25, 1964), Seiten 26–27; 'Child's Garden of Reverses', *Time,* Vol. LXXI, No. 9 (March 3, 1958), S. 58; Stephen Becker, *Comic Art in America* (New York: Simon and Schuster, 1959), Seiten 361–366.

[24] 'Good Grief; Curly Hair', *op. cit.,* S. 68.

[25] Søren Kierkegaard, zitiert in Karl Barth, *Der Römerbrief,* op. cit., S. 75.

[26] Samuel L. Bethell, *Essays on Literary Criticism and the English Tradition* (New York: Hillary House Publishers, Ltd., 1948), S. 25.

[27] Thomas Stearns Eliot, *The Use of Poetry and the Use of Criticism* (London: Faber and Faber Limited, 1933), S. 31.

[28] 'Religion and Literature', in *Selected Essays of Thomas Stearns Eliot* (New York: Harcourt, Brace and Company, 1950), S. 348.

[29] *Goethe, Faust* 12, 104–105, zitiert in Karl Barth, *Der Römerbrief,* op. cit., S. 28.

2. «Das ganze Problem»: Erbsünde

[30] Karl Barth, *Nein!, Antwort an Emil Brunner,* in 'Theologische Existenz heute', Schriftenreihe, herausg. von Karl Barth und Ed. Thurneysen, Heft 14 (Chr. Kaiser Verlag, München, 1934), S. 52.

[31] Martin Luther, *Dr. Martin Luthers Werke,* kritische Gesamtausgabe (Hermann Böhlaus Nachfolger, Weimar, 1926), Bd. 39, 1. Abteilung, S. 361.

[32] David Hume, *Über die menschliche Natur,* übersetzt von Ludwig Heinrich Jakob (bei Hemmerde und Schwetschke, Halle, 1790), I. Band, S. 206.

[33] Thomas Stearns Eliot, *Der Familientag,* übersetzt von Rud. Alex. Schröder und P. Suhrkamp (Suhrkamp Verlag, 1949), 2. Teil, 2. Szene, Agatha.

[34] 'Good Grief, Charlie Schulz!', *op. cit.*, S. 27.

[35] Jerome D. Salinger, *op. cit.*, S. 164.

[36] Quoted in Williston Walker, *A History of the Christian Church*, rev. ed. (New York: Charles Scribner's Sons, 1959), S. 168.

[37] Franz Kafka, *Betrachtungen über Sünde, Leid, Hoffnung und den wahren Weg*, in «Hochzeitsvorbereitungen auf dem Lande», Ges. Werke, herausg. von Max Brod (S. Fischer Verlag, Frankfurt/M., 1953), S. 48, Paragraph 83.

[38] Philipp Melanchthon, quoted in C. L. Manschreck, *Melanchthon, The Quiet Reformer* (New York: Abingdon Press, 1958), S. 156. (Aus Melanchthons Schulordnung von Mecklenburg, 1552.)

[39] Charles Schulz, 'Knowing You Are Not Alone', *op. cit.*, Seiten 8–9.

[40] John Henry Newman, quoted in *The Wisdom of Catholicism*, ed. A. C. Pegis (New York: Modern Library, 1949), S. 652.

[41] Karl Barth, *Der Römerbrief*, op. cit., S. 62.

[42] Blaise Pascal, *Pensées* (Über die Religion und über einige andere Gegenstände), übertragen und herausg. von Ewald Wasmuth (im Verlag Lambert Schneider, Berlin 1937), Fragment 445, S. 207.

[43] *Ibid.*, Fragment 451, S. 210.

[44] Jean Calvin, *Institution de la Réligion Chrestienne*, publié par Jean-Daniel Benoit (Paris, Librairie Philosophique, J. Vrin, 1961), Livre IV, XX, 8.

[45] 'Good Grief, Charlie Schulz!' *op. cit.*, S. 27.

[46] *Ibid.*, S. 26.

[47] William Golding, *Lord of the Flies* (New York: Capricorn Books, 1959), S. 189 (Deutsch: Der Herr der Fliegen, Fischer-Taschenbücher).

[48] H. A. Grunwald, ed. *Salinger* (New York: Harper & Brothers, 1962), Seiten xvi–xvii.

[49] 'Good Grief, Charlie Schulz!', *op. cit.*, S. 27.

[50] Grunwald, *op. cit.*, S. xvii.

[51] Blaise Pascal, *op. cit.*, Fragment (562), S. 256.

3. *Der Sünde Sold*

[52] Dr. Martin Luther's *Großer Katechismus* (Johannes Herrmann, Zwickau i. S., 1882), Das 1. Gebot, S. 15.

[53] Charles Schulz, 'Knowing You Are Not Alone', *op. cit.*, S. 9.

[54] Karl Barth, *Der Römerbrief*, op. cit., S. 23.

[55] Charles Schulz, 'Knowing You Are Not Alone', *op. cit.*, S. 9.

[56] 'Ex Libris', *The Christian Century*, Vol. LXXIX, No. 25 (June 20, 1962), S. 782.

[57] Quoted in Wystan Hugh Auden, *The Living Thoughts of Kierkegaard* (New York: David McKay Company, Inc., 1952), S. 33.

[58] Søren Kierkegaard, *Die Tagebücher,* op. cit., S. 400 (1850).

[59] Will Herberg, *Protestant, Catholic, Jew,* rev. ed. (Gloucester, Mass.: Peter Smith, Publisher, 1960), Kap. 11.

[60] 'The Anatomy of Angst', *Time,* Vol. LXXVII, No. 14 (March 31, 1961), Seiten 44 ff.

[61] Thomas Stearns Eliot, *The Complete Poems and Plays,* op. cit., Seiten 58–59.

[62] 'Good Grief, Charlie Schulz!', *op. cit.,* S. 27.

[63] Anton T. Boisen, 'The Period of Beginnings', *Journal of Pastoral Care,* Vol. 5, No. 1 (Spring, 1951), Seiten 15–16.

[64] Søren Kierkegaard, *Die Krankheit zum Tode,* übersetzt von H. Gottsched (Eugen Diederichs Verlag, Jena, 1911), S. 6.

[65] William Shakespeare, *Heinrich V.,* IV. 1.

4. Vom Segen des Leids

[66] Charles Schulz, 'Knowing You Are Not Alone', *op. cit.,* S. 8.

[67] Søren Kierkegaard, *Die Krankheit zum Tode,* op. cit., S. 7.

[68] Søren Kierkegaard, *Thoughts on Crucial Situations in Human Life,* tr. David Svenson (Minneapolis: Augsburg Publishing House, 1941), S. 1.

[69] Zitiert in Karl Barth, *Der Römerbrief,* op. cit., S. 16.

[70] Søren Kierkegaard, *Die Tagebücher,* op. cit., S. 102 (1838).

[71] *Christian Ethics,* eds. Waldo Beach and H. Richard Niebuhr (New York: The Ronald Press Company, 1955), S. 18.

[72] Charles Schulz, 'Knowing You Are Not Alone', *op. cit.,* S. 9.

5. Der Himmelshund

[73] Zitiert in Karl Barth, *Der Römerbrief,* unveränderter Nachdruck der 1. A. v. 1919 (EVZ-Verlag, Zürich), Vorw. S. XXVII.

[74] William Shakespeare, *Richard II.,* IV, 5.

[75] Kierkegaard, *Die Tagebücher,* op. cit., S. 563 (1854).

[76] 'Good Grief, Charlie Schulz!', *op. cit.,* S. 27.

[77] Dr. *Martin Luthers Werke,* op. cit. (1910), Bd. 37, S. 478.

[78] William Shakespeare, *Macbeth,* I, 6.

[79] Thomas Stearns Eliot, *The Complete 'Poems' and Plays,* op. cit., S. 39 (Deutsch: *Ausgewählte Gedichte,* op. cit., 'Das wüste Land', I. Das Begräbnis der Toten, V. 74/75).

[80] *Vincent van Gogh: A Self-Portrait,* op. cit., Seiten 189, 192.

[81] Havelock Ellis, *The Dance of Life* (New York: The Book League of America, 1923), Seiten 34, 62.

[82] Charles Schulz, 'Knowing You Are Not Alone', *op. cit.,* S. 9.

6. Abschließende Unwissenschaftliche Nachschrift

[83] Charles Schulz, 'Knowing You Are Not Alone', *op. cit.,* S. 9.

[84] Blaise Pascal, *op. cit.,* Fragment 691, S. 319.

[85] Søren Kierkegaard, *Die Tagebücher,* op. cit., S. 73 (1837).

[86] Karl Barth, *Die Kirchliche Dogmatik,* 1. Band, 1. Halbband (EVZ-Verlag, Zürich, 1944), 4. Aufl. § II, 2, S. 436.

[87] Graham Greene, *Am Abgrund des Lebens* (Brighton Rock), übersetzt von Magda H. Larsen (rororo-Taschenbuch, Rowohlt Hamburg, 1950), S. 298.

[88] Graham Greene, *Das Herz aller Dinge,* übersetzt von Erich Puchwein (Büchergilde Gutenberg, Zürich, 1950), S. 327.

[89] Charles Schulz, 'Knowing You Are Not Alone', *op. cit.,* S. 8.

[90] 'Good Grief, Charlie Schulz!' *op. cit.,* S. 26.

[91] William Shakespeare, *Wie es euch gefällt,* V, 4.

[92] Søren Kierkegaard, *Die Krankheit zum Tode,* op. cit., S. 3.

Anmerkungen der Übersetzerin

Bibelzitate folgen dem Text der Zürcher Bibel (Verlag der Zwingli-Bibel, Zürich, 1962).

Die Shakespeare-Texte stammen aus folgenden Übersetzungen: Hamlet, Richard II., Wie es euch gefällt: A. W. von Schlegel, König Lear, Macbeth: Heinrich Voß, Heinrich V: Heinrich Viehoff.

Wo in den Anmerkungen der englische Titel angegeben ist, wurde die Stelle aus dem englischen Text übersetzt. Zum Teil wurden in Klammern bestehende deutsche Übersetzungen angegeben. Wo Original-Texte oder deutsche Übersetzungen verwendet wurden, sind diese angegeben.

Zu besonderem Dank bin ich Herrn Pfarrer Prof. Dr. W. Neidhart verpflichtet, der die kritische Durchsicht des Manuskripts übernahm, sowie meinem Mann für seine tätige Mithilfe.

E. Güldenstein-Holzer

Graham Jeffery

Typisch Barnabas

96 Seiten. Paperback. 3. Auflage

Barnabas meint es wirklich ernst mit seinem Glauben. Doch die Tücke des Alltags und sein altes Ego stellen ihn immer wieder einmal vor schwierige Probleme.

Seine Erlebnisse, von Graham Jeffery in vierzig Bildergeschichten liebevoll illustriert, haben jeweils einen Vers aus der Bibel zum Thema. Der originelle Blickwinkel und die überraschende Anwendung der Geschichten sorgen dafür, daß man die Pointe so schnell nicht vergißt.

Allgemein menschliche Unvollkommenheiten, wie sie sich – oft schön getarnt – auch im Leben des Christen finden: hier werden sie liebevoll und mit Humor aufgespießt. Man schmunzelt und fühlt sich entlarvt: Barnabas steckt in jedem von uns ...

(Siehe Probeseiten)

BRUNNEN VERLAG GIESSEN

Ganz schön demütig

Alle aber miteinander
haltet fest an der Demut.

1. Petrus 5,5

ICH KLAGE NICHT, HIOB, ICH LEIDE IM STILLEN!

SIEH MAL, ICH HABE EINEN SCHLIMMEN ARM, – ABER ICH VERLIERE KEIN WORT DARÜBER!

ICH SAGTE: *ICH HABE EINEN SCHLIMMEN ARM, ABER ICH KLAGE NICHT.*

WACH AUF, HIOB! ICH SAGTE: ICH VERLIERE KEIN WORT DARÜBER. **ICH LEIDE STILL!**

ICH SAGTE:

ICH LEIDE
IM STILLEN!

5

6

JETZT HABE ICH
ZUSÄTZLICHES
HERZELEID!
WEIL KEINER BEMERKT, WIE GE-
DULDIG UND DEMÜTIG ICH BIN.

7

Roy Mitchell

Gott ist ...
Kleine Theologie für Katzen und andere Zeitgenossen
128 Seiten. Paperback. 2. Auflage

Der englische Cartoonist Roy Mitchell beteiligt sich nicht an großen intellektuell-theologischen Diskussionen. Wer Gott im Alltag für ihn ist, davon erzählen seine Cartoons. Die teils tiefgründigen, lustigen, sehr direkten und liebenswürdigen Zeichnungen machen nicht zuletzt mit Hilfe der immer wieder auftauchenden Katze, die doch so „menschlich" ist, auf humorige Art und Weise deutlich, was Christen glauben und was sie (besser) nicht glauben.

(Siehe Probeseite)

Gott ist ... Band 2
Alles für die Katz ... und andere Zeitgenossen
128 Seiten. Paperback

BRUNNEN VERLAG GIESSEN

Robert L. Short

Gute Nachricht, Charlie Brown
Die Peanuts – oder: Was kann man
heute noch glauben?
160 Seiten. Paperback

Wer kennt sie nicht, den immer benachteiligten, ewigen Verlierer
Charlie Brown, die garstig-selbstbewußte Lucy, Linus mit seiner
Schmusedecke und den lebensklugen Snoopy, der ab und zu einfach
in seine Traumwelt flüchtet.

Robert L. Short hat mit „Gute Nachricht, Charlie Brown" zum zweiten Mal eine Sammlung Peanuts-Cartoons zusammengestellt und ist
mit Charlie Brown und Snoopy gemeinsam auf der Suche nach dem,
was unsere Welt eigentlich zusammenhält.

Ein fröhliches Buch, das die schwierige Frage, wie unser Leben gelin-
gen kann, auf eine verblüffend einfache Formel bringt.

BRUNNEN VERLAG GIESSEN